MÉMOIRE
SUR UNE QUESTION
D'ADULTERE, DE SÉDUCTION ET DE DIFFAMATION,
POUR LE Sr. KORNMAN,
CONTRE

La Dame KORNMAN, *son épouse; le Sieur* DAUDET *de* JOSSAN; *le sieur* PIERRE-AUGUSTIN CARON *de* BEAUMARCHAIS; & M. LENOIR, *Conseiller d'Etat, & ancien Lieutenant-Général de Police.*

1787.

NOTE DE L'ÉDITEUR.

L'Affaire dont il s'agit ici, est d'une haute importance. M. Kornman a présenté ce Mémoire à plusieurs jurisconsultes, tant en Alsace qu'à Paris; & le a invités à consulter sur les faits qu'il renferme. Ces jurisconsultes n'ont pas osé se rendre à son invitation, redoutant les intrigues du sieur de Beaumarchais & le crédit de M. Lenoir. Alors M. Kornman, persuadé qu'il ne faisoit qu'un acte de droit naturel, en publiant son apologie, a cru qu'il lui étoit permis de le faire imprimer avec l'avant-propos qu'on va lire. Malheureusement on lui a persuadé qu'une telle démarche étoit illégale, & que les magistrats ne la verroient pas de bon œil. D'après ce conseil, je suis instruit qu'il a abandonné son projet d'imprimer, jusqu'à ce qu'enfin il ait trouvé une signature légale; & que, pour parvenir à trouver cette signature légale, il a envoyé plusieurs copies de son Mémoire à différens magistrats & jurisconsultes. Le hasard a voulu qu'une de ces copies soit tombée dans mes mains. Je la crois assez correcte, à l'exception cependant de quelques passages où j'ai cru remarquer des fautes de copiste. Quoiqu'il en soit, pour l'intérêt public, pour l'intérêt des mœurs, & pour l'intérêt de M. Kornman, je pense qu'on ne me saura pas mauvais gré de la publier telle que je l'ai reçue. Je dirois mon nom, si, dans cette circonstance, mon nom pouvoit ajouter quelque chose à l'authenticité de cet écrit.

AVANT-PROPOS

Ce mémoire paroît dans une forme inusitée. Il n'est revêtu de la signature d'aucun avocat, quoiqu'un tribunal soit saisi de la contestation qui en est l'objet.

Quand on l'aura lu, on verra qu'il n'étoit pas possible en effet qu'un avocat se permît de l'autoriser de sa signature, non pas que dans tous ses détails, il ne soit de la plus exacte vérité, non pas encore qu'il ne soit écrit d'une maniere aussi modérée que pouvoit le permettre la nature des faits qu'il contient.

Mais en y développant un système de persécution, aussi compliqué dans ses moyens que terrible dans ses effets, je me suis vu contraint d'y caractériser avec force des abus d'autorité d'une espece jusqu'à présent inouie, & malheureusement l'auteur de ces abus est un homme occupant de grandes places dans le gouvernement & la magistrature, & disposant encore aujourd'hui d'un crédit redoutable.

Je ne pouvois donc recourir à une signature légale sans compromettre peut-être d'une maniere cruelle, celui qui auroit eu la générosité ou l'imprudence de me l'accorder. Or il m'a paru que je devois diriger contre moi seul toutes les haines que j'éveille, & que je serois coupable de lâcheté, si, dans la lice effrayante qui s'ouvre à mes regards, j'essayois de faire partager à d'autres les dangers que je puis courir.

Cependant ce mémoire n'est pas un libelle. Je l'avoue, je le signe, & j'en réponds. Personne ne respecte les loix plus que moi ; mais quand le crédit les rend impuissantes, quand il impose silence aux hommes chargés de les invoquer en faveur de l'innocence qui les implore, il faut que l'innocence abandonnée se mette à côté des loix, & parle au nom de la nature.

MÉMOIRE.

MÉMOIRE.

Sæpe mihi dubiam traxit sententia mentem,
Curarent Superi terras, an nullus inesset
Rector & incerto fluerent mortalia cursu:
Abstulit hunc tandem Rufini pœna tumultum
Absolvitque Deos; jam non ad culmina rerum
Injustos crevisse queror; tolluntur in altum
Ut lapsu graviore ruant.

CLAUDIAN.

CETTE cause intéresse à la fois la législation & les mœurs. On va voir, en parcourant le récit de mes longues infortunes, combien dans une société dépravée, & où toutes les institutions qui protegent les mœurs sont impuissantes ou méprisées, le vice a de facilités pour demeurer impuni, le crime de moyens pour se soustraire à sa condamnation, l'intrigue de détours pour éviter l'action des loix, la mauvaise foi de ressources pour échapper à leur censure. On s'étonnera de ce que peut l'opinion, quand des hommes sans morale en disposent, quand il est de leur intérêt d'en diriger les coups contre une tête innocente. On frémira des dangers que court l'homme

tout

de bien presque toujours isolé, lorsque les méchans s'assemblent pour travailler à sa ruine; sur-tout on remarquera combien l'autorité arbitraire, & dont aucune loi positive ne modere les mouvemens, peut devenir désastreuse, toutes les fois que, par un concours de circonstances funestes, l'exercice en est confié à des mains corrompues.

J'attaque une femme coupable, mais plus à plaindre encore que coupable. Cette femme est la mere de mes enfans, & telle est ma triste situation, que je ne peux, sans manquer à mes enfans, garder plus long-tems le silence sur les fautes de celle qui leur donna le jour.

J'attaque l'homme pervers qui, en traçant à mon épouse une route criminelle, est devenu le premier auteur de ses égaremens. Sans lui, elle seroit encore l'exemple des épouses & des meres, & les vertus qui me la firent chérir autrefois, n'auroient jamais cessé d'être son partage.

Je dénonce à l'opinion publique un homme remarquable par la célébrité malheureuse qui accompagne son nom, fameux tantôt par des aventures éclatantes, tantôt par des anecdotes honteuses, & qui, toute sa vie, s'est occupé de publier avec orgueil, le peu de bien qu'il a fait, & de se vanter avec audace de tout le mal qu'il aime à faire.

Je dénonce à la censure des loix un magistrat revêtu des dignités les plus imposantes, dans les mains duquel l'autorité n'a été, du moins à mon égard, qu'un instrument d'oppression, de vengeance, & dont l'influence fatale a consommé pour jamais ma ruine.

Mes adversaires sont puissans, & ma perte est jurée ; mais il ne s'agit plus de vivre pour moi. Echappé aux coups d'un assassin, après un enchaînement de persécutions dont les annales de la méchanceté humaine n'offrent peut-être aucun exemple ; n'ayant devant les yeux que le tombeau, où dans peu mes chagrins prolongés me feront descendre, je n'ai plus d'ennemis à craindre. Il n'est pas au pouvoir des hommes de me rendre ce que j'ai perdu, & je suis trop infortuné, pour que leur haine puisse encore ajouter à mes malheurs.

Cependant quels que soient les maux que j'ai soufferts, & ceux qui me sont préparés, mon langage sera par-tout le langage de la modération. Quand on n'a plus de jouissances à espérer sur la terre, on est sans passion, & les mouvemens d'une ame impétueuse ne conviennent pas à l'homme qui n'a que des devoirs à remplir.

Je commence.

FAITS.

Je me suis marié dans le courant de l'année 1774. Mon épouse étoit orpheline au moment où je l'ai connue. Averti par l'expérience des autres, & convaincu par mes propres réflexions, que toute union qui n'a pas pour base l'estime & la confiance mutuelle, n'entraîne que trop souvent après elle des conséquences malheureuses, j'ai mis entre la promesse de mon mariage & sa célébration un intervalle de quinze mois. J'ai voulu que dans cet espace de tems la dame Kornman s'occupât de se procurer sur le caractere, l'esprit

& l'humeur de l'homme qui lui étoit destiné, toutes les connoissances dont elle avoit besoin pour se déterminer avec prudence.

Libre jusqu'au dernier moment d'admettre ou de rejetter cet homme, dépendant absolument d'elle seule dans cette circonstance importante de sa vie, la dame Kornman ne s'est décidée que de son plein gré, & je n'ai pas à me reprocher d'avoir employé, pour obtenir sa main, l'influence d'une volonté étrangere.

J'étois riche, & comme ce n'étoient pas des motifs de convenance & d'intérêt qui avoient déterminé mon mariage, comme j'avois véritablement choisi celle à laquelle j'avois uni mon sort, on juge bien que je regardai comme le premier de mes devoirs de travailler à la rendre heureuse. La dame Kornman en a fait plus d'une fois l'aveu, & je crois qu'elle me doit encore la justice de dire que jusqu'à l'époque fatale de nos divisions, attentif à l'environner de tout ce qui pouvoit lui faire chérir le nœud qu'elle avoit formé, j'ai mis à satisfaire ses moindres desirs, un empressement dont peu d'hommes, dans le systême actuel de nos mœurs, eussent été capables.

J'avois mon domicile ordinaire à Strasbourg, où j'occupois une place dans la magistrature; un de mes oncles résidoit à Paris, à la tête d'une maison de banque fameuse depuis plus d'un siecle; quelque tems après mon mariage, il m'écrivit pour m'engager à faire avec mon épouse, un voyage dans la capitale. Je cédai sans peine à ses sollicitations. Mon épouse fut accueillie par lui, & par les personnes qui composoient sa société, de maniere à lui faire souhaiter que son retour en province ne fût pas prochain. Des circonstances particulieres seconderent ses intentions, & j'habite encore la capitale, quoique je n'aie jamais eu l'intention bien décidée d'y fixer mon séjour.

A peu près domicilié à Paris, j'ai vu les six premieres années de mon mariage, s'y écouler pour moi, de la maniere la plus douce & la plus heureuse; dans le cours de ces six années, la dame Kornman a mis au monde deux enfans qu'elle a nourris, & auprès desquels je me plais à dire qu'elle a rempli assez long-tems les devoirs que lui imposoit sa qualité de mere, avec l'assiduité la plus touchante & la moins démentie.

Ainsi notre union étoit intime (1). D'après le systême de conduite que je m'étois fait, j'avois l'imprudence de croire qu'aucun événement dans la suite ne pourroit l'altérer. Il faut que je dise un mot de ce systême.

Il m'avoit toujours paru qu'il ne peut exister d'intimité durable entre la force qui commande, & la foiblesse qui obéit, qu'une confiance absolue ne subsiste pas long-tems à côté de l'autorité qu'on se voit sans cesse obligé de respecter ou de craindre; qu'en un mot, nous sommes tellement nés pour la liberté, que la meilleure maniere peut-être de nous rendre coupables, c'est de nous placer constamment vis-à-vis d'une loi impérieuse qui nous défend de le devenir.

---

(1) Ceci est prouvé par les dépositions des dixieme & onzieme témoins de l'information, dont il sera parlé dans le cours de ce Mémoire.

D'après cette idée, ne voulant rien attendre du devoir, rien obtenir de cette espece d'autorité que la loi accorde aux époux dans leur famille, prévoyant jusqu'aux égaremens dans lesquels des circonstances malheureuses peuvent entraîner une femme imprudente, cherchant même au milieu de ces égaremens, à conserver à la mienne des vertus qui me la rendissent toujours chere; je lui avois souvent dit que si, au milieu de la dépravation universelle des mœurs, il étoit possible que, subjuguée par une passion fatale ou séduite par la force de l'exemple, elle fût foible quelques instans, je ne lui demandois autre chose, sinon qu'elle respectât l'opinion; que déplorant en secret ses erreurs, je n'eusse pas à rougir de leur publicité; & qu'ayant sans cesse devant les yeux ses enfans, elle se conduisit de maniere à mériter leur estime, & à en recueillir les fruits, lorsque dans l'âge de la vieillesse & de l'abandon, leur attachement lui seroit devenu nécessaire.

En même-tems & pour lui donner une preuve de la confiance sans bornes dont je la croyois digne, & pour écarter absolument d'elle ces funestes idées de dépendance qui, en éveillant dans le cœur des femmes le désir inquiet de se soustraire à la gêne qui les importune, les dispose à la dissimulation, à l'indifférence, à la haine, & me paroît être ainsi la premiere cause de leurs désordres, j'avois porté la délicatesse jusqu'à la laisser maîtresse absolue de sa dépense, & de celle de ses enfans. Ma caisse devoit lui fournir sur ses simples reçus tout l'argent qu'elle demanderoit,

& moi je m'étois interdit la faculté d'exiger d'elle aucun compte. (1)

Avec une telle morale & des procédés si nobles, il me semble que je devois espérer un avenir au moins tranquille. On va voir combien j'ai été trompé dans mon attente.

Parmi les personnes qui fréquentoient ma maison, je comptois M. le baron de Spon, premier président de Colmar. Dans le courant de l'année 1779, M. le baron de Spon me présenta le sieur Daudet de Jossan, qu'il me dit être l'homme de confiance de M. le prince de Montbarrey. Par la protection de ce ministre, le sieur Daudet venoit d'être nommé syndic-adjoint de la ville de Strasbourg; en cette qualité & en l'absence de M. Gérard, syndic en titre, & alors ministre plénipotentiaire auprès des Etats-Unis, le sieur Daudet étoit à la tête de notre magistrature. Il étoit donc tout naturel qu'il s'établît des relations entre le sieur Daudet & moi, & je le reçus dans ma maison comme un homme qui par sa place méritoit des égards.

Je ne tardai pas à m'appercevoir que ce sieur Daudet pouvoit bien n'être qu'un intriguant. A peine admis chez moi, il me fit une proposition d'argent assez indiscrette, & dont je crois inutile de rendre compte ici; je fis part de la proposition à M. le premier président de Colmar, & je le priai de me dire ce que je devois penser de l'homme qu'il m'avoit présenté.

---

(1) Ceci est prouvé par les dépositions des deuxieme, dixieme, onzieme & douzieme témoins, l'interrogatoire de la dame Kornman, qui a précédé l'information.

M. le premier président ne me dissimula pas que le sieur Daudet étoit un personnage très-dangereux, parvenu par toutes sortes de voies à surprendre la bienveillance de madame la princesse de Montbarrey & de sa fille, & à obtenir ainsi un grand crédit auprès de M. le prince de Montbarrey ; qu'il me convenoit de me défier de lui, d'autant plus, qu'aucun principe d'honnêteté publique & particuliere ne l'arrêtoit dans l'exécution de ses desseins, & que je ferois sagement de veiller avec la plus scrupuleuse attention sur sa conduite.

Je fis part de cette découverte à mon épouse ; je n'ai pas besoin de dire que je l'invitai en même tems à ne pas accorder beaucoup de confiance à un homme, qui certainement chercheroit à mettre à profit son inexpérience, & ne négligeroit aucun moyen pour l'entraîner dans des démarches fatales à notre commun repos.

La dame Kornman me répondit que je pouvoit être tranquille sur le sieur Daudet, qu'il lui déplaisoit trop pour obtenir jamais quelque empire sur son esprit, qu'elle avoit une aversion naturelle pour la couleur de ses cheveux ; qu'une femme ne savoit pas surmonter une répugnance de cette espece, que cependant, puisqu'il lui avoit été présenté, elle continueroit à le recevoir ; mais que ce seroit avec tant de réserve, & une politesse si sévere, qu'il perdroit bien vîte tout espoir d'obtenir aucune préference auprès d'elle.

D'après une assurance si positive, je ne cherchai point à éloigner le sieur Daudet de chez moi ; il y vint comme auparavant ; je lui rendis même quelques services, en considération de la protection très-publique dont M. le prince de Montbarrey daignoit l'honorer.

J'aurois dû mieux juger le sieur Daudet & me faire une idée plus réfléchie de son adresse & de ses ressources ; ses visites ne furent pas long-tems infructueuses ; je m'en apperçus au changement très-remarquable qui s'opéra dans le caractere de la dame Kornman ; elle eut besoin de dissimuler, & sa confiance en moi s'éteignit. Ses enfans cesserent d'être la premiere & la plus douce de ses occupations ; ses maximes de conduite changerent absolument, & son ton, pour toutes les personnes qui la servoient, ou qui l'aprochoient, ne fut plus le même.

Comme je lui étois sincérement attaché, on se doute bien que la révolution qui se fit en elle, dut m'affecter vivement. De quelque modération, de quelque philosophie qu'on soit doué, on ne voit pas briser sans regret la plus chere & la plus puissante de ses habitudes ; & si la femme à laquelle on a confié sa destinée obéit à une erreur qui doit lui être funeste, & dont les conséquences pour elle ne peuvent être que honteuses, il est difficile que l'inquiétude qui se mêle alors au chagrin, ne lui donne une activité cruelle, & ne le prolonge d'une maniere fatale pour celui qui l'éprouve.

Insensiblement ma santé s'altéra ; la nécessité de la rétablir me contraignit de partir pour les eaux de Spa. Avant mon départ, livré à des pressentimens sinistres, je conjurai, de la maniere la plus pressante, la dame Kornman d'ouvrir les yeux sur l'abyme qui se creusoit sous ses pas. Par la considération de ce qu'elle se devoit à elle-même, & sur-tout de ce qu'elle devoit à ses enfans, je la suppliai de ne pas se livrer davantage à un homme sans morale, & dont la séduction me paroissoit d'autant plus dangereuse, que je n'entrevoyois déja trop que, chez lui, elle avoit moins pour cause une passion véritable, que le besoin de tirer parti pour sa fortune de la malheureuse complice de ses égaremens.

Mes remontrances furent inutiles; de retour des eaux de Spa, j'apprends qu'en mon absence la dame Kornman a tenu la conduite la moins mesurée, que le Sr. Daudet lui a fréquemment assigné des rendez-vous (1) chez lui, & qu'il s'y est passé des scenes d'une espece assez étrange, pour que le voisinage en ait été scandalisé. L'intérêt du Sr. Daudet, comme de tous les hommes de son caractere, étoit en effet de rendre la dame Kornman coupable avec éclat, de donner une grande publicité à ses démarches, afin d'intéresser son amour-propre à les soutenir, & de lui devenir ainsi d'autant plus nécessaire, qu'après des fautes trop remarquées, il y auroit plus de honte pour elle à revenir sur ses pas.

Cependant le Sr. Daudet se rendit à Strasbourg pour y remplir les fonctions de syndic-adjoint de M. Gérard.

La dame Kornman qui ne pouvoit plus se séparer de lui, desira faire un voyage à Bâle, dans le dessein, disoit-elle, d'y voir sa famille,

---

(1) Ceci est prouvé par les dépositions des neuvieme, douzieme & vingtieme témoins.

& me pria de l'y conduire avec ses enfans. Strasbourg est sur la route de Bâle. Je n'eus donc pas de peine à deviner le vrai motif de sa demande. J'y consentis néanmoins, dans l'espoir que vivant parmi les siens, rappellée à des mœurs simples, & n'ayant sous les yeux que des spectacles de paix & de bonheur domestique, elle feroit quelques réflexions sur elle-même & sentiroit peut-être la nécessité de renoncer à une liaison, dont il me sembloit qu'elle devoit déja connoître tout le danger; j'exigeai seulement d'elle pendant le séjour qu'elle feroit à Strasbourg, qu'elle s'y conduisît de maniere à se ménager l'estime des personnes qu'elle feroit dans le cas de fréquenter.

Nous partîmes. Dans la route, livré à ces réflexions sérieuses, mais paisibles & douces qu'inspirent l'aspect de la campagne & la considération de la vie simple qu'on y mene, je m'entretenois souvent avec la dame Kornman du bonheur qu'on goûte à exister au sein des jouissances tranquilles que la nature a prodiguées sur la terre, pour la félicité de l'homme toujours inquiet & mécontent, je lui faisois remarquer avec quelle rapidité les évènemens dont la vie se compose, se succedent & s'écoulent, comme l'âge des infirmités arrive promptement, comme tous les faux plaisirs qui nous ont occupés passent & s'effacent, comme il importe pour les derniers jours de notre existence, si fugitive & si courte, de se ménager une conscience sans remords; combien, à mesure que les habitudes qui nous attachent au monde se resserrent ou s'éteignent, il est doux d'avancer sans inquiétude vers le terme où toutes les illusions cessent, où la vérité seule demeure avec le souvenir consolant du bien qu'on a fait.

Ces conversations attachantes par leur objet arrachoient souvent à la dame Kornman des aveux melés de larmes de repentir. J'osai quelques instans espérer qu'elle feroit enfin un retour sérieux sur elle-même. Malheureusement aux approches de Strasbourg l'homme dangereux paroît (1). En un instant ses bonnes résolutions sont oubliées, elle ne voit plus que lui, & la fatale passion qui l'égare reprend tout son empire. A Strasbourg, toutes les regles de la décence sont enfreintes, aucune bienséance n'est respectée, elle affiche de la maniere la moins équivoque l'attachement qui la déshonore. Je crois devoir lui faire en conséquence quelques observations; elle ne me répond qu'avec le ton de l'aigreur & de l'insulte; je sens alors qu'il est prudent d'abréger son séjour à Strasbourg, & je la conduis à Bâle au milieu des siens.

Je ne restai pas à Bâle. Persuadé que, quelle qu'y pût être ma maniere d'agir, il feroit difficile que je n'eusse pas l'air d'exercer auprès d'elle une censure importune, & qu'ainsi blessant involontairement son amour-propre, je ne l'empêchasse de mettre à profit pour sa raison le séjour qu'elle devoit y faire; je me déterminai à m'éloigner. M. le Comte de Maurepas m'avoit prié de m'occuper d'une entreprise à laquelle lui & M. le prince de Montbarrey s'intéressoient beaucoup; je fis un voyage de plusieurs semai-

(1) Ceci est prouvé par la déposition du douzieme témoin.

es, pour examiner la possibilité & les avantages e cette entreprise (1). Je revins ensuite.

Je n'eus pas besoin en arrivant de grandes informations sur la conduite de la dame Kornman. peine fus-je descendu dans l'auberge où elle geoit, qu'on m'apprit que le sieur Daudet y oit venu plusieurs fois de Strasbourg, qu'il y oit passé des nuits avez elle, & qu'il s'y étoit omporté avec tant d'indécence & de scandale, 'il y avoit excité l'indignation, non seulement des ersonnes qui séjournoient dans l'auberge, mais de ville entiere, où mon épouse & lui étoient venus le sujet ordinaire de la plupart des conrsations. (2)

Il m'étoit donc démontré que, pour le moment i moins, aucune considération n'arrêteroit la ime Kornman, & je n'attendis plus son retour à s devoirs que du tems, qui amene ordinairement rès lui le dégoût des liaisons que le libertinage a rmées.

Je la ramenai à Paris. Au mois de décembre 780, M. le prince de Montbarrey quitta le nistere. A cette époque je lui rendis un sere considérable, un service qui pouvoit commettre une grande partie de ma fortune, & e peu de gens dans les circonstances difficiles il se trouvoit, lui eussent rendu d'une mare aussi désintéressée, aussi délicate, &, qu'il

(1) Le canal de Bourgogne, proposé par M. le comte Brancion, & exécuté depuis par les Etats de Bourgogne.

(2) Ceci est prouvé par les dépositions des premier, isieme, cinquieme, douzieme & vingt-septieme téins.

me soit permis de le dire, aussi noble que n
Il faut que le public sache que M. le prince
Montbarrey est devenu depuis un de mes p
ardens persécuteurs. Plus j'ai été généreux a
lui, & plus il a oublié qu'il devoit être rec
noissant. Lorsque je me suis vu contraint d'éle
la voix, quand j'ai été forcé de demander just
avec éclat, je l'ai rencontré par-tout opposant
crédit à mes réclamations. Il est au-dessous de
de dire ce que j'ai fait pour lui, & la seule v
geance que je veuille tirer ici de ses procéd
c'est, en traçant une partie des conséquences
nestes qu'ils ont eus, de l'accabler de mon silen
& de lui laisser des remords.

La retraite du prince de Montbarrey fut fa
au sieur Daudet. Il perdit sa place de syndi
Strasbourg avec les appointemens qui y éto
attachés, & fut à peu près réduit pour toute
source à la bourse de la dame Kornman.

Jusqu'alors je n'avois eu sur le sieur Dau
d'autres renseignemens que ceux que m'a
donnés M. le baron de Spon. L'idée que je m'é
formée de sa maniere d'être avoit été ensuite
résultat de mon expérience. Le hasard à ce
époque fit tomber dans mes mains un volume d
ouvrage périodique assez connu, intitulé: *Mémo
Secrets*. Je trouvai dans ce volume un article o
sieur Daudet est peint des plus noires couleurs
où, en rendant compte de quelques anecdotes
sa vie, on laisse entrevoir de quelles actions
besoin il peut devenir capable. (1)

---

(1) 18 octobre 1779. » Un sieur Daudet de Joss

Dans un voyage que je fis exprès à Versailles, je crus devoir prendre, auprès de plusieurs personnes respectables & bien instruites, des informations précises sur la vérité de l'article que j'avois lu ; non seulement on me confirma tout ce que j'y avois trouvé, mais on y ajouta des détails propres à m'inspirer les plus vives alarmes.

De retour chez moi, je communiquai à la dame Kornman les notions que je venois de me procurer ; d'après ces notions je lui observai

---

connu dans la littérature par quelques opuscules, surtout par des critiques sur le Sallon très-ingénieuses, s'imaginant que ce n'étoit pas le meilleur parti à tirer de son esprit, & que cette faculté nous étoit spécialement accordée par la nature, pour faire des dupes, s'est jetté dans les intrigues de toute espece. Il a escroqué tant qu'il a pu ; abymé de dettes, mis en prison, châtié par la police, il ne s'est rebuté de rien ; il est sorti de la sphere des courtisannes, dans laquelle il s'étoit concentré d'abord ; il s'est faufilé chez les grands, chez le prince Louis, chez la baronne de Neukergue, chez le duc de Chartres, chez le duc d'Aiguillon. «

» Chassé de ces divers endroits, il s'est relevé de nouveau, & tout récemment a gagné la confiance du prince de Montbarrey. Comme il est Allemand, & parle la langue de cette nation, il lui a servi d'agent, pour negocier à l'occasion des difficultés élevées sur le mariage projetté du prince de Nassau, avec la fille de ce ministre ; & pour récompense, celui-ci vient de le faire nommer syndic de la ville de Strasbourg, par adjonction avec M. Gérard, en ayant l'exercice. Cette place, la plus belle après celle de prêteur, l'a mis à la tête du corps municipal de cette ville, composé de la plus haute noblesse ; on ne sait pas comment elle souffrira d'être présidée par un polisson de cette espece, petit-fils de Mlle. Le Couvreur, ci-devant abbé & précepteur du fils de M. de Lucé, ancien intendant de la province, &c, &c. «

qu'ayant des enfans, je ne devois me considérer que comme le dépositaire de ma fortune & de la sienne, que l'une & l'autre seroient bientôt dissipées, s'il falloit les prodiguer au gré d'un personnage sans mœurs, & qui jusqu'à ce moment n'avoit vécu que d'intrigues; qu'en conséquence il ne m'étoit pas possible de lui laisser, comme auparavant, la libre disposition de ma caisse; que sans vouloir encore mettre des bornes à sa dépense particuliere, j'entendois veiller par moi-même sur tout ce qui concernoit la dépense commune de ma maison, & en même-tems, pour lui prouver que c'étoit la seule nécessité des circonstances & non pas le desir de me venger, qui me forçoit d'agir ainsi, j'acquittai sans différer un compte se montant à la somme de dix mille livres, pour des arrangemens de diamans qu'elle avoit fait faire à mon insçu.

On se doute bien que ce nouvel ordre de choses ne plut pas au Sr. Daudet. Je n'ai nulle envie de lui créer ici des crimes imaginaires. Mais je suis persuadé que, dès cet instant, il s'occupa de mettre à exécution un projet qui n'étoit peut-être encore que confusément éclos dans sa tête. Ma santé étoit visiblement altérée. Si je succombois à mes peines, il pouvoit épouser la dame Kornman, & tenir ainsi toute ma fortune à sa disposition; il lui convenoit donc de m'environner dans mon intérieur, de circonstances assez cruelles & assez prolongées pour que je ne pusse long-tems y résister.

D'après cette idée, il détermina la dame Kornman à mettre avec moi plus d'audace dans sa conduite, à me fatiguer par des querelles domesti-

que

que sans cesse renaissantes, à troubler par des discussions de toute espece, la paix dont au moins j'avois joui jusqu'alors. Lui-même affecta des airs de maître à ma table, sous les yeux de mes gens, & en présence des personnes qui étoient dans l'habitude de fréquenter ma maison.

J'avois fait preuve de patience. Enfin elle m'échappa. Un jour que le Sr. Daudet s'étoit conduit avec plus d'impudence qu'à l'ordinaire, j'eus avec lui, en présence de la dame Kornman une explication très-énergique. Après un préambule, où je lui laissai entrevoir le mépris qu'il m'inspiroit, je lui déclarai que si je n'écoutois que mon ressentiment, je le ferois sur le champ jetter par mes fenêtres, mais que je croyois devoir encore quelque respect à mon épouse, que pour ménager sa réputation déja trop compromise, je voulois bien ne pas rompre avec lui d'une maniere éclatante; qu'en conséquence j'entendois qu'il ne vînt chez moi que lorsque je l'inviterois, très-décidé à ne pas rendre ces invitations fréquentes, à ne plus souffrir qu'elles dégénérassent en conversations particulieres avec la dame Kornman, & résolu de les supprimer absolument, dès que la bienséance me le permettroit (1).

Cet acte de fermeté en imposa pour quelque tems aux deux coupables. Le Sr. Daudet en particulier consentit à se soumettre à la loi que je lui prescrivois, & l'un & l'autre me promirent une conduite plus réservée pour l'avenir. Ces pro-

(1) Ceci est prouvé par les dépositions des neuvieme, dixieme, onzieme, douzieme, vingtieme, & vingt-septieme témoins.

messes, arrachées par la crainte, n'eurent aucune exécution. Malgré des ordres severes donnés à mes domestiques, le Sr. Daudet, comme auparavant, vint chez la dame Kornman tous les jours & à toutes les heures du jour. La dame Kornman, d'un autre côté, ne garda plus aucun ménagement avec moi. Une guerre ouverte me fut déclarée. Elle m'insultoit à ma table, en présence de mes gens, & par-tout où l'occasion de le faire avec éclat lui étoit offerte (1).

Il étoit tems de prendre un parti. Je ne pouvois me résoudre encore à m'écarter des principes de douceur & de modération que je m'étois faits : le parti auquel je m'arrêtai, fut conforme à ces principes. La dame Kornman avoit à Bâle un frere aîné, qui pouvoit avoir quelqu'empire sur son esprit ; je me déterminai à écrire à ce frere ; &, lui faisant part de ma situation, je le pressai de se rendre auprès de moi. Il y vint, &, pendant sept semaines de séjour, il fit tout ce que son amitié pour sa sœur pouvoit lui suggérer, afin de l'engager à rompre une habitude qui ne pouvoit lui préparer pour l'avenir que des jours malheureux. Tous ses efforts, toutes ses remontrances furent vaines, & il eut la douleur de partir sans avoir rien obtenu.

Après son départ, la dame Kornman affecta, dans sa maniere d'agir, une liberté encore plus effrénée qu'auparavant. Les choses en vinrent au point que ceux de mes gens qui m'étoient attachés, & devant lesquels on avoit tenu assez

(1) Ceci est prouvé par les dépositions des neuvieme & douzieme témoins.

souvent des propos qui annonçoient combien mon existence, avec les projets qu'on avoit formés, devenoit importune, commencerent à trembler pour mes jours (1). Quelques-uns de mes amis qui connoissoient le Sr. Daudet, étoient depuis long-tems alarmés. Enfin l'un d'eux, le sieur d'Erville, intendant des armées du roi, & chef des bureaux de la guerre, jugeant mieux que moi des dangers dont j'étois environné, prit sur lui d'en instruire M. Lenoir, alors lieutenant de police.

D'après le compte que lui rendit le Sr. d'Erville, ce magistrat me fit prier de passer chez lui ; j'y allai, & je lui fis un exposé simple, mais assez détaillé, de ma position. Rien ne le surprit dans mon récit. Il ne me dissimula pas qu'il connoissoit le Sr. Daudet comme un homme capable de tous les crimes ; & en raisonnant avec moi sur le parti qu'il me convenoit de prendre, il me conseilla de demander une lettre de cachet, & de faire arrêter sur le champ la dame Kornman, afin de la soustraire le plutôt possible à son dangereux empire. Je résistai. Dans une législation aussi imparfaite que la nôtre, il y a sans doute un petit nombre de circonstances où une lettre de cachet peut devenir nécessaire ; mais comme on use de ce moyen plus souvent d'une maniere nuisible qu'avantageuse, comme il n'est trop ordinairement dans les mains qui l'emploient, qu'un instrument de vengeance, comme il n'est jamais accompagné d'aucune de

(1) Ceci est prouvé par les dépositions des deuxieme & douzieme témoins.

ces formalités sagement prescrites par la loi, pour concilier le respect que l'autorité doit à la liberté de l'homme avec la nécessité où elle est quelquefois de s'assurer d'un accusé, ou de s'emparer d'un coupable, il m'en coûtoit d'y recourir. J'avouai ma répugnance à M. Lenoir, & je l'invitai à chercher avec moi une maniere plus douce d'arracher la dame Kornman à son séducteur.

Alors M. Lenoir, avant de prendre aucun parti, me proposa de faire suivre la dame Kornman, par ce qu'on appelle un train de police. J'y consentis; & le Sr. Surbois, inspecteur de police, fut chargé de cette commission.

Il résulta des lumieres qu'on parvint à se procurer par cette voie, que la dame Kornman voyoit tous les jours le Sr. Daudet; que, lorsqu'elle ne pouvoit le recevoir chez elle, il lui assignoit des rendez-vous, soit au bois de Boulogne, soit au bois de Vincennes, soit chez lui; & qu'elle étoit dans l'usage de mettre des signaux à sa fenêtre, pour indiquer la marche de sa journée à un domestique que j'avois été obligé de chasser; parce que, par des propos imprudens, il avoit donné lieu de croire qu'il en vouloit à ma vie (1).

On m'apprit encore qu'une partie des diamans de la dame Kornman avoit été portée au Mont-de-Piété par une dame Goujon, à laquelle le Sr. Doudet avoit persuadé que cette partie de diamans appartenoit à la jeune princesse de Nassau

(1) Ceci est prouvé par l'interrogatoire de la dame Kornman, les lettres du Sr. Daudet, les dépositions des huitieme, neuvieme, douzieme & vingtieme témoins.

qui avoit besoin d'argent, & qui vouloit s'en procurer à l'insçu de ses parens.

Enfin on découvrit que le Sr. Daudet étoit absent, & qu'il avoit employé l'argent qu'il avoit retiré du Mont-de-Piété, à faire un voyage en Hollande, entrepris à la sollicitation du prince de Nassau-Siegen qui avoit espéré trouver en lui des ressources pour obtenir du Stathouder le paiement de quelques anciennes créances qu'il prétendoit lui être dues par la maison d'Orange.

Parmi toutes ces découvertes, je ne fus presque frappé que d'une chose, de l'absence du Sr. Daudet. Il me parut que cette absence étoit une circonstance favorable que je pouvois mettre à profit, pour faire un dernier effort sur l'esprit de la dame Kornman. J'en parlai de cette maniere à M. Lenoir, & je me flattai que, secondé par lui, je réussirois mieux auprès d'elle, que je ne l'avois fait jusqu'alors.

Malheureusement, tandis que je me livrois à cet espoir, on fut informé qu'il existoit une correspondance entre le Sr. Daudet & la dame Kornman, & on parvint à surprendre quelques lettres de cette correspondance, écrites par le Sr. Daudet. Dans ces lettres où regne un affreux cynisme, où le ton du libertinage le plus grossier se fait remarquer seul, où l'on chercheroit en vain parmi des expressions obscenes, ce langage toujours si intéressant des passions qu'on est tenté de pardonner encore, même lorsqu'elles ne méditent que des attentats. On lisoit, après quelques observations criminelles sur la foiblesse de ma santé, que le jour des vengeances n'étoit pas éloigné, que le Sr. Daudet reviendroit dans peu délivrer la dame Kornman de son *tyran*, & qu'à son retour il frapperoit *les grands coups* (1).

Il n'y avoit pas de tems à perdre. M. Lenoir me déclara que différer davantage à faire arrêter la dame Kornman, c'étoit tout-à-la-fois, & compromettre ma sûreté, & l'exposer elle-même à devenir la complice d'un crime; je voyois de la même maniere que lui, mais une lettre de cachet me paroissoit toujours un moyen trop rigoureux. Enfin sur ses observations réitérées, je sentis la nécessité d'y recourir, & je me rendis chez M. Amelot avec une lettre de sa part, & la correspondance qu'on venoit d'intercepter.

M. Amelot me tint le même langage que M. Lenoir. Je lui dis que je desirois voir M. de Maurepas: il me répondit que cela ne m'étoit pas possible, parce que ce ministre étoit alors tourmenté par la goutte, mais qu'il l'instruiroit de tout ce qui se passoit, & que d'ailleurs, dans cette circonstance, il ne faisoit rien que d'accord avec lui.

M. Amelot me demanda en même tems où je voulois que la dame Kornman fût placée: je lui répondis que le lieu m'étoit indifférent, pourvu qu'il fût décent & qu'on pût couper toutes les relations qui existoient entr'elle & le Sr Daudet; je le priai seulement qu'on ne lui donnât pas pour demeure un couvent, parce qu'elle étoit Protestante, & quoique Protestant moi-même, peut-être ses proches en prendroient-ils occasion de dire que je cherchois à lui faire changer de religion. M. Amelot approuva mon observation,

(1) Ceci est prouvé par les lettres du Sr. Daudet, notamment par les huitieme, neuvieme, dixieme & douzieme témoins.

& me quitta en m'assurant que M. Lenoir m'indiqueroit une maison convenable.

Le lendemain je me rendis à la police. M. Lenoir me remit la lettre de cachet ; je l'avoue, quand j'eus cette fatale lettre dans les mains, un tremblement universel me saisit, je ne pouvois me défendre de voir dans celle qui en étoit l'objet, la femme que j'avois long-tems aimée, que j'aimois toujours, celle qui, pendant six années de paix & de bonheur, avoit rempli avec l'assiduité la plus touchante, ses devoirs d'épouse & de mere. Des larmes involontaires couloient de mes yeux ; si je n'avois eu qu'un crime à punir, certainement je l'eusse pardonné ; mais malheureusement on m'épouvantoit, on me parloit d'un crime à empêcher ; pouvois-je être indulgent encore sans devenir coupable moi-même ? Et d'ailleurs, de quoi s'agissoit-il dans les circonstances où je me trouvois ? D'user simplement d'une sévérité momentanée pour interrompre une séduction dont tous les progrès avoient été jusqu'alors marqués par des fautes & sembloient devoir désormais n'être marqués que par des attentats.

Cette derniere considération me rendit un peu de fermeté ; je remis à l'inspecteur Surbois, la lettre de cachet à exécuter. En même tems, espérant que la détention de la dame Kornman ne dureroit pas, & voulant, quand il en seroit tems, qu'elle pût reparoître dans le monde, avec toute l'intégrité de sa réputation, je m'arrangeai de maniere à ce que dans ma propre maison, nul, à l'exception d'une seule personne qu'il m'étoit indispensable de mettre dans le secret, ne pût être instruit de ce qui alloit se passer. Je crois inutile de rendre compte ici de toutes les précautions que je pris pour arriver à mon but. Il suffit qu'on sache que je réussis assez bien pour que le lendemain de l'exécution de la lettre de cachet, ayant annoncé, & chez moi & parmi mes connoissances, que la dame Kornman étoit allée passer quelques jours à la campagne, & que delà son dessein étoit de faire un voyage dans sa famille, il ne vint, ni dans l'esprit de mes gens, ni dans celui de mes amis, de soupçonner la vérité d'un événement dont je voulois effacer toutes les traces.

La dame Kornman fut conduite en vertu de l'ordre du roi, chez les dames Douai, à la Nouvelle-France. Il avoit été convenu que j'y payerois son entretien à raison de deux mille écus par année; d'ailleurs, j'avois recommandé aux dames Douai d'avoir pour elle tous les égards possibles, de ne lui rien refuser de tout ce qui pouvoit rendre sa situation douce, & moi-même j'avois soin de lui envoyer en vins recherchés, en liqueurs & autres choses de ce genre, tout ce qu'elle étoit accoutumée à trouver dans ma maison, lorsqu'elle n'avoit qu'à desirer pour obtenir (1).

Le lendemain du jour où la dame Kornman fut arrivée chez les dames Douai, le commissaire Vanglenne s'y transporta, & lui fit subir un interrogatoire en deux séances. Dans la seconde séance, elle ne parla pas avec autant de vérité que dans la premiere, & il y a tout lieu de croire,

(1) Ceci est prouvé par les dépositions des quatrieme, sixieme, septieme, huitieme, quatorzieme & quinzieme témoins.

qu'entre l'une & l'autre, on lui fit parvenir quelques conseils dans sa retraite. Quoi qu'il en soit, néanmoins l'interrogatoire constate, de la maniere la plus positive, ses liaisons habituelles & sa correspondance avec le Sr. Daudet. On avoit trouvé dans cette correspondance qu'elle étoit enceinte, & que le Sr. Daudet étoit l'auteur de sa grossesse. Dans ses réponses, elle avoue avec la plus grande franchise, tout ce que la correspondance n'indiquoit dejà que d'une maniere trop claire. Il faut dire tout de suite ici que cet aveu, la dame Kornman l'a fait depuis l'interrogatoire à différentes personnes qui l'ont consigné dans leurs dépositions, lorsque je me suis vu contraint de faire informer contr'elle.

Dans les premiers momens de sa détention, la dame Kornman parut vouloir revenir sérieusement de ses erreurs ; elle m'écrivit une lettre où, reconnoissant toutes ses fautes, elle me supplioit au nom de ses enfans, de les oublier, & finissoit par m'inviter à l'aller voir. Je montrai la lettre à M. Lenoir, & nous nous rendîmes ensemble auprès d'elle.

Quand je la vis, son malheur présent m'occupa tout entier ; laissant là le passé dont je cherchois à ne plus me ressouvenir, je m'affligeai vivement de ce que par de continuelles imprudences, par une conduite indécente avec trop d'éclat, par sa confiance sans réserve dans l'homme dangereux qui l'avoit perdue, elle m'avoit réduit à la nécessité cruelle de consentir à ce que l'autorité s'interposât entr'elle & moi, pour interrompre le cours de ses désordres. Je lui dis que j'étois persuadé qu'elle me connoissoit assez pour être convaincue que dans ce qui venoit d'arriver, je n'avois été conduit par aucun motif de haine ou de vengeance ; que me venger d'elle, étoit au-dessus de mes forces ; que la haïr, n'étoit pas en mon pouvoir ; que l'aimer & la plaindre & souhaiter qu'elle revînt à ses devoirs, étoit tout ce que je savois faire après des outrages multipliés & une modération trop long-tems méconnue. J'ajoutai qu'elle étoit libre à l'instant, si elle vouloit se rendre dans sa famille, & quitter pour quelques mois le théâtre de ses erreurs.

Il me sembla que la dame Kornman m'écoutoit avec intérêt, & qu'elle alloit consentir à ce qu'il me paroissoit prudent d'exiger d'elle. Il faut tout remarquer ici, c'étoit la troisieme fois que M. Lenoir voyoit la dame Kornman ; j'étois trop occupé pour faire attention à autre chose qu'à l'infortunée que j'avois devant les yeux. A peine lui eus-je fait la proposition dont je viens de parler, à peine lui eus-je expliqué la nécessité où elle se trouvoit de l'accepter, que M. Lenoir nous quitta. Resté seul auprès d'elle, je revins à ma proposition, & je fus étrangement surpris de voir qu'après avoir paru l'admettre, elle la rejettoit avec opiniâtreté. Elle me déclara qu'elle ne pouvoit consentir à quitter Paris, & qu'elle aimoit mieux demeurer au lieu de sa détention, que de retourner parmi les siens. D'ailleurs, je ne trouvai plus dans les discours qu'elle me tint, l'expression du repentir & de la douleur. Qui avoit pu la porter ainsi, à changer si soudainement de langage ? Si je m'étois fait accompagner à cette conférence par mon ennemi secret, sans doute, un signe, un coup-d'œil de cet ennemi auroit pu déconcerter tous mes efforts ; mais j'étois avec

M. Lenoir, je n'avois rien fait que par son conseil, & tout me disoit que ma confiance en lui devoit être sans bornes ; je ne veux pas anticiper ici sur les événemens. Trop sage ou trop crédule, je ne soupçonnai autre chose alors, sinon, que la présence de M. Lenoir en avoit d'abord assez imposé à la dame Kornman, pour qu'elle se montrât prête à faire tout ce que je pouvois exiger d'elle, & que sa retraite ensuite l'avoit malheureusement rendue à ses dispositions ordinaires. Dans cette idée, je retournai à M. Lenoir, & sur le récit que je lui fis de la maniere dont notre conférence s'étoit terminée, il fut convenu entre nous que, jusqu'à ce que la dame Kornman eût accepté ma proposition, elle demeureroit dans le lieu où il l'avoit fait conduire.

Qu'on me pardonne les détails dans lesquels je viens d'entrer. On verra dans peu qu'ils ne sont pas inutiles.

Cependant le Sr. Daudet étoit de retour de Hollande. Son premier soin, comme on l'imagine, fut de mettre tout en œuvre pour faire révoquer l'ordre qui avoit privé la dame Kornman de sa liberté ; entr'autres moyens qu'il employa, il écrivit à un jeune frère de la dame Kornman, qui venoit d'achever ses études à l'université de Gottingue (1), & lui persuadant que lui seul pouvoit soustraire sa sœur à la tyrannie dont elle étoit, disoit-il, la victime, il eut assez de crédit pour l'engager à se rendre à Paris. Le jeune homme en arrivant, vint me trouver. Ne soupçon-

(1) Ceci est prouvé dans le recueil des pieces justificatives, par une lettre du Sr. Daudet, du 10 août 1784.

nant en aucune maniere sa liaison avec le Sr. Daudet, je le logeai chez moi. Puis je lui appris, ou plutôt je crus lui apprendre la malheureuse aventure de sa sœur, & persuadé qu'il pourroit lui ouvrir les yeux sur les dangers de toute espece dont elle étoit environnée, j'obtins pour lui de M. Lenoir la permission de la voir toutes les fois qu'il le jugeroit à propos. Je me déterminai ensuite à faire un second voyage aux eaux de Spa, dévoré de chagrins & cherchant quelque diversion à mes peines.

Avant mon départ, j'invitai mon beau-frere & le Sr. Fréderic Kornman, mon frere, à ne rien négliger pour engager la dame Kornman à quitter la capitale. Je leur déclairai que je ratifierois tout ce qu'ils feroient en mon absence, ne leur demandant autre chose que de se conduire de maniere à ménager la réputation de la dame Kornman, & à éviter toute démarche qui pourroit la compromettre.

Je revins au bout de quinze jours, je trouvai les choses absolument dans l'état où je les avois laissées. Seulement je remarquai beaucoup d'embarras dans la contenance de mon beau-frere, & d'après quelques propos qu'il me tint, je conjecturai qu'il étoit du parti du Sr. Daudet.

Cette conjecture devint bientôt une vérité. On m'apprit que le jeune homme en mon absence s'étoit chargé de faire remettre à M. Amelot une lettre de sa sœur, où elle me peignoit des couleurs les plus noires. J'eus sur ce point avec lui une explication très-vive. Forcé de convenir de sa faute, il s'excusa en m'assurant qu'il n'avoit pris la lettre, que pour contenter la dame Kornman, mais ſon intention n'étoit pas de la faire parvenir au miniſtre.

Une telle maniere de s'excuſer ne pouvoit me plaire : j'obſervai au jeune homme que dans tous les cas, ſa conduite me paroiſſoit infiniment odieuſe, puiſque s'il ne remettoit pas la lettre, il trompoit ſa ſœur ; puiſque s'il la remettoit, foulant aux pieds les premieres loix de l'honneur & de l'hoſpitalité, il me trompoit, moi qui l'avois accueilli avec autant d'intérêt que de franchiſe. Je finis par lui faire une leçon ſévere ſur les dangers qu'il couroit, en ſe montrant dans le monde avec un caractere de diſſimulation ſi prématuré.

Le jeune homme confus ſe hâta de quitter Paris. Avant ſon départ, oubliant ſa faute, je l'adreſſai avec des lettres de recommandation aux divers correſpondans que j'avois dans les lieux où il devoit paſſer, pour ſe rendre dans ſa famille. Ce dernier procédé auroit dû le rendre ou plus reconnoiſſant, ou plus juſte. Il n'y répondit qu'en répandant, & dans ſa famille & chez mes correſpondans, les calomnies les plus affreuſes ſur mon compte.

Le beau-pere de la dame Kornman induit en erreur par ces calomnies, m'écrivit une lettre menaçante. Je répliquai par une lettre également ferme & modérée, dans laquelle j'obſervai entr'autres choſes qu'il me paroiſſoit bien extraordinaire qu'on oſât ſe permettre de juger un homme d'un âge mûr & réputé par-tout honnête & raiſonnable, ſur la dépoſition d'un jeune étourdi de mauvaiſe foi. Je terminai ma lettre, en invitant ce beau-pere ſi crédule, ainſi que l'oncle

& le frere aîné de la dame Kornman à se rendre à Paris, pour s'occuper avec moi des moyens de rappeller à elle-même cette femme deja trop coupable, & l'empêcher de s'égarer davantage. Le beau-pere mieux instruit, changea de ton, il me répondit par une lettre pleine d'excuses, mais dans laquelle il exprimoit le regret qu'il avoit de ce que ses affaires & sa santé ne lui permettoient pas de se rendre à mon invitation. L'oncle & le frere en firent autant.

Ici paroît sur la scene un acteur d'une réputation effrayante, & qui jusqu'alors n'avoit jugé à propos de jouer dans cette affaire qu'un rôle secret. Cet acteur est le Sr. de Beaumarchais. M. Lenoir m'avoit donné, pour me diriger dans les démarches que j'aurois à faire relativement à mon épouse, Me. Turpin, avocat aux conseils. Le Sr. de Beaumarchais instruit de cette circonstance, écrit à Me. Turpin dans le style le plus pressant & le plus impérieux, qu'il prend la dame Kornman sous sa protection, qu'il vient d'être informé qu'on s'est permis de l'arrêter en vertu d'un ordre du Roi, & de la placer dans un lieu de sûreté; *que cet ordre lui déplaît*, & que si je ne veux pas souscrire les conditions qu'il voudra bien m'imposer en faveur de la dame Kornman, il employera sa plume & son crédit pour me perdre (1).

Sans doute on n'aura pas de peine à croire qu'un tel procédé de la part du Sr. de Beaumarchais, dut exciter en moi plus que de la surprise. Je

(1) Ceci est prouvé par les dépositions du trente-unieme témoin.

n'avois jamais vu le sieur de Beaumarchais ; je ne le connoissois que comme le public le connoît : & d'après l'opinion redoutable qui l'environne, on pense bien qu'il m'avoit toujours paru, que j'avois quelque chose de mieux à faire que de ménager des relations avec lui.

A peine ai-je lu sa lettre que je vole vers M. Lenoir, & que plein de l'étonnement qu'elle me cause, je lui demande quel est donc le caractere public du sieur de Beaumarchais ; comment, ne devant compte qu'à la loi de ma conduite, n'ayant rien fait que je ne puisse soumettre à la censure la plus severe, ne parlant qu'au nom des mœurs & de la sûreté domestique outragées & violées en ma personne, il est possible que je rencontre sur ma route un homme assez audacieux, pour me menacer de sa plume, comme d'un poignard, qu'il faut que je redoute, & de son crédit, comme d'une puissance devant laquelle je dois me taire.

M. Lenoir me paroît interdit. Il m'avoue, avec une sorte de mystere, qu'il regarde le sieur de Beaumarchais comme un scélérat ; mais comme un scélérat d'une espece d'autant plus dangereuse, qu'avec de l'esprit & l'art d'amuser & de séduire, il a trouvé le moyen de se faire par-tout des créatures, d'arranger au besoin des conjurations contre quiconque a le malheur de lui déplaire, & de se rendre ainsi redoutable à tous les hommes en place. Il ne me dissimule pas qu'il le craint. Il ajoute que le sieur de Beaumarchais est lié avec deux magistrats du parlement, qui ont la plus grande influence dans leur compagnie, & qu'il a déja déterminés à protéger efficacement la dame

Kornman. D'après cela il me conjure d'oublier son insolence, & me promet de s'occuper de mes intérêts avec Me. Turpin, de maniere à ce que je serai satisfait de tout ce qu'il fera pour moi.

La dame Kornman, comme on l'a vu, avoit avoué dans son interrogatoire qu'elle étoit enceinte d'un enfant dont je n'étois pas le pere (1). M. Lenoir se prévalant habilement de cette circonstance, termine son entretien par me dire qu'il est d'autant plus essentiel de ne donner aucun éclat à mon affaire, que cet enfant peut entrer dans ma famille; & qu'au moyen des précautions qu'il prendra, & de l'arrangement qu'il médite, il sera facile de le faire disparoître; qu'il en a fait disparoître ainsi plus de deux cents: & que pour celui-ci, il est d'accord sur la maniere dont il doit se conduire avec M. de Maurepas.

M. Lenoir avoit si bien l'air de me parler avec franchise, que je consentis sans peine à tout ce qu'il me demanda; mais si je voulois bien dissimuler mon ressentiment contre le sieur de Beaumarchais, il y avoit un homme en présence duquel je ne pouvois rester dans l'inaction: c'étoit le sieur Daudet. J'étois instruit qu'il continuoit à manœuvrer contre moi avec une activité funeste. J'allai trouver M. de Maurepas (2), & je lui exposai que, pour me garantir des effets de cette activité, il m'étoit impossible de ne pas l'attaquer dans les tribunaux, & comme escroc, & comme

(1) Ceci est prouvé par l'interrogatoire, les lettres du Sr. Daudet, & les dépositions des huitieme, douzieme & quinzieme témoins.

(2) Je lui avois écrit auparavant une lettre, qu'on trouvera dans les pieces justificatives.

le

séducteur ; que je sentois bien que je ne pouvois le faire sans compromettre dans la procédure la mere de mes enfans ; que dans une circonstance si délicate, je demandois qu'au moins, si j'étois réduit à me taire, on mît le Sieur Daudet, contre lequel la voix publique s'élevoit depuis long-tems, hors d'état de me nuire davantage. M. de Maurepas trouva mes réflexions justes ; il m'assura qu'il donneroit incessamment des ordres pour le faire arrêter ; que M. de Vergennes, avec lequel il en avoit conféré, pensoit comme lui, qu'il étoit important de s'en assurer, & qu'il alloit en parler à M. Lenoir. Celui-ci ne fut pas de l'avis de M. de Vergennes. Il dit à M. de Maurepas que j'étois dans les termes d'un arrangement avec mon épouse, que de tels ordres pouvoient nuire à cet arrangement ; que le Sr. Daudet étoit en effet un homme dont la réputation sembloit devoir justifier jusqu'aux abus de l'autorité ; mais qu'ici on ne paroîtroit avoir sévi contre lui, qu'à l'occasion de la dame Kornman ; qu'une sévérité de ce genre en pareil cas n'étoit plus dans nos mœurs, que, s'il falloit arrêter tous les hommes qui dans Paris vivent avec les femmes des autres, on seroit bientôt contraint de s'assurer des trois quarts de la ville ; qu'on pouvoit d'ailleurs s'en rapporter à sa prudence ; & que dans peu il auroit tout arrangé à ma plus grande satisfaction. Ces observations, & sur-tout la promesse qui les terminoit, rendirent M. de Maurepas plus indulgent, & le Sr. Daudet conserva sa liberté.

Cependant le tems s'écouloit, & rien ne me paroissoit se disposer pour un traité de paix avec la dame Kornman. Je crus en deviner la cause, en apprenant qu'elle avoit dans sa retraite des relations constantes avec le sieur Daudet, & par lui avec le Sr. de Beaumarchais (1). Je m'en plaignis avec quelque amertume à M. Lenoir ; & certain que, tant que toute communication avec ces deux personnes ne lui seroit pas interdite, il seroit impossible de l'engager à faire ce que le devoir & la raison exigeoient d'elle. J'annonçai que, puisqu'elle ne vouloit pas se rendre dans sa famille de son plein gré, j'allois solliciter un ordre pour l'y faire transporter. M. Lenoir n'approuva pas ce parti, & prétextant toujours l'enfant dont elle étoit enceinte, il me persuada qu'il ne pouvoit en disposer, si on avoit recours à des voies rigoureuses, qu'en pareille circonstance le consentement d'une mere étoit toujours nécessaire, & qu'ici ce n'étoit pas en usant de sévérité qu'on pouvoit l'obtenir.

Dans ces entrefaites, M. de Maurepas tombe malade, & meurt. Ici la scene change absolument, un nouvel ordre de choses se prépare, & on va voir les événemens se presser avec une rapidité cruelle & se succéder tous entr'eux pour ma ruine.

Toujours inquiet de la maniere dont la dame Kornman existoit au lieu de sa détention, instruit qu'elle y menoit une vie scandaleuse, commençant à soupçonner que les motifs avec lesquels on avoit empêché jusques-là mes réclamations, pouvoient bien n'être que des prétextes imaginés

---

(1) Ceci est prouvé par les dépositions des sixieme, douzieme, quinzieme, vingt-septieme & vingt-neuvieme témoins.

pour endormir ma prudence, je ne cessois d'insister pour qu'elle me fût remise, & qu'on me permît de la conduire parmi les siens. Tandis que je m'épuisois en instances inutiles, une de ces femmes que les mœurs publiques ont proscrites, mais qui, pour avoir renoncé à la principale vertu de leur sexe, n'en conservent pas moins quelquefois en tout le reste, une maniere de penser délicate & sévere, une femme bien connue par son intimité avec M. Lenoir, me fait avertir que c'est en vain que je compte sur l'équité de ce magistrat, qu'il aime la dame Kornman, que c'est lui qui la retient à Paris, & que je serai certainement la victime de ma crédulité, si je continue à mettre en lui toute ma confiance.

De tous les hommes en place, celui qui sembloit me marquer le plus d'intérêt, étoit M. Lenoir, & cependant je me sentis disposé à croire à l'avis qui m'étoit donné. En repassant dans mon esprit tous les détails de sa conduite, ses délais, ses prétextes, l'art avec lequel il avoit éludé mes instances, & rendues vaines mes réclamations auprès des ministres, en rappellant à côté de toutes ces choses ce qui s'étoit passé à la conférence que j'avois eue en sa présence avec la dame Kornman, il ne me parut pas hors de vraisemblance qu'il la protégeât en secret contre moi, & si on ne me trompoit pas, si mes propres conjectures étoient fondées, il étoit bien difficile que je me fisse illusion sur le motif déterminent d'une protection si honteuse.

On sent bien qu'alors je dus être plus empressé que jamais à réclamer la dame Kornman; j'adressai un mémoire aux ministres où je demandai avec plus d'inſtances qu'auparavant, la permiſſion de la conduire dans ſa famille. M. Amelot & M. Lenoir eurent le courage de me répondre, que l'intention du Roi étoit que ma femme demeurât chez les dames Douai pour accoucher, & que les miniſtres ne ſouffriroient pas qu'elle fût déplacée. Sans doute on penſe que je ne crus pas un inſtant qu'il importoit beaucoup au Roi & aux miniſtres, que ma femme accouchât dans une maiſon plutôt que dans une autre, à Paris plutôt qu'à Bâle; mais pour le moment il fallut ſe taire, & attendre que d'autres circonſtances me permiſſent de renouveller mes réclamations avec plus de ſuccès.

Cependant M. de Maurepas étant mort, la dame Kornman preſqu'aſſurée de l'impunité, & voulant par une ſeule démarche ſe procurer avec la liberté les moyens d'abuſer de ſa fortune, imagine de ſe pourvoir au Châtelet contre moi, & d'y demander ſa ſéparation de corps & de biens.

Dans la requête qu'elle fait rédiger à cet effet, elle n'articule d'autre fait poſitif que celui de ſa détention. Tout le reſte n'eſt qu'un tiſſu de calomnies vagues, démenties, ſoit par elle-même dans l'interrogatoire qu'elle avoit ſubi, au moment où elle avoit été arrêtée, ſoit par la correſpondance interceptée du Sr. Daudet.

Mais il y a deux choſes remarquables dans cette piece. La premiere, l'intention qu'annonça la dame de Kornman de ſe pourvoir à Bâle pour faire caſſer ſon mariage, & prononcer ſon divorce avec moi. Le mariage de la dame Kornman avoit été contracté à Bâle, & ratifié à Strasbourg. Par cette ratification, & en épouſant un étranger, elle avoit renoncé à ſon droit de citoyenne de Bâle, & ne devoit plus reconnoître que les loix du royaume, qui n'admettent pas le divorce; mais le Sr. Daudet & le Sr. de Beaumarçhais avoient eſpéré faire taire les loix du royaume, & ſe prévaloir de celles de Bâle pour parvenir au divorce. Alors le Sr. Daudet ſeroit devenu le maître de la perſonne de la dame Kornman & de ſa fortune.

La ſeconde choſe à remarquer, c'eſt l'intention bien manifeſtée de ſapper les fondemens de mon crédit, & de renverſer, s'il étoit poſſible, la maiſon de banque qu'après la mort de mon oncle je régiſſois à Paris avec mon frere. Il y avoit déja quelque tems que les Srs. de Beaumarchais & Daudet manœuvroient dans ce deſſein contre moi, ſoit par eux-mêmes, ſoit par leurs émiſſaires. Par-tout ils affectoient de répandre ſur ma poſition, les bruits les plus faux. J'en avois écrit à M. Amelot & à M. Lenoir, qui tous les deux avoient travaillé à me raſſurer. Dans la requête on affectoit d'accréditer ces bruits; & en concluant entr'autres choſes à ce qu'il fût fait un inventaire général de tous mes effets, ſous prétexte d'aſſurer la dot de la dame Kornman, on donnoit l'alarme à toutes les perſonnes, à tous les banquiers avec leſquels mon frere & moi nous étions en relation.

Qu'on me diſe ce que je devois penſer d'une mere qui ne craignoit pas de détruire ainſi la fortune de ſes enfans, & qui, en annonçant qu'elle alloit rompre ſans retour les liens qui nous uniſſoient, les repouſſoit de ſon ſein & les ſacrifioit ſans pudeur à la fatale ambition d'un homme, dont le caractere immoral & les inclinations vicieuses ne lui étoient que trop connues.

Dans une telle circonstance, j'aurois dû sans doute renoncer aux principes de modération qui m'avoient dirigé jusqu'alors, je ne le fis pas, & l'espoir si souvent trompé de ramener la dame Kornman à ses devoirs, me séduisit encore. Si je la poursuivois au châtelet, je compris que je me verrois dans le cas de rendre son déshonneur public, en imprimant des mémoires remplis de faits trop véritables; je pris donc le parti de décliner la jurisdiction de ce tribunal; mon vrai domicile étoit Strasbourg, & de plus, comme on l'a vû, j'étois magistrat de cette ville. Ce n'étoit donc qu'à Strasbourg, que résidoient mes juges naturels. Je me décidai à les réclamer auprès de M. le lieutenant civil, & dans un entretien particulier que j'eus avec cet Magistrat, je lui exposai les motifs qui me déterminoient à cette réclamation.

En même-tems j'écrivis à la dame Kornman une lettre où j'essayai de lui ouvrir les yeux sur l'imprudence & les dangers de sa démarche. Cette lettre annonçoit avec beaucoup de détail ce qu'on me contraindroit de faire, si je me voyois enfin forcé de rompre le silence. J'y employai les raisons les plus puissantes, les plus propres à faire impression sur une âme égarée. J'étois sans doute trop outragé pour m'exprimer d'une maniere froide & tranquille: mais à travers l'énergie douloureuse de mes expressions, il étoit facile de voir que je ne voulois que le repos, que le bonheur de celle qui me les arrachoit.

« Il ne peut exister, lui disois-je, en terminant cette lettre cruelle, il ne peut exiſter que dans ma négligence à me défendre, un moyen de vous ſouſtraire à la condamnation ignominieuſe qui vous attend ; mais on vous en a bien groſſiérement impoſé, ſi l'on vous a perſuadé qu'accablé par ma ſituation, je balancerois entre une mere coupable & des enfans malheureux, & que je laiſſerois égorger impunément ceux-ci aux pieds de la femme dénaturée qui leur donna le jour ».

» Réfléchiſſez donc bien ſérieuſement ſur les dangers de toute eſpece dont vous êtes environnée ; je ne vous dirai pas que vous êtes épouſe & mere, il y a long-tems que vous n'êtes ni l'une ni l'autre ».

« Votre cœur empoiſonné par une paſſion vile comme celui qui en eſt l'objet, ne connoît plus les ſentimens honnêtes, & ce ſeroit bien en vain que j'eſſayerois de vous rappeller à des devoirs dont le joug vous paroît ſi inſupportable, que vous ne cherchez pas même à en déguiſer l'oubli. Mais ſongez que les années d'illuſion qui coulent maintenant pour vous, ne dureront pas toujours. Songez qu'il n'y a d'habitudes, de relations ſolides dans la ſociété, que celles qui ſont déterminées par les premieres & les plus ſaintes affections de la nature ; que détachée de votre famille, & de tout ce que vous deviez aimer, devenue même pour votre ſéducteur, un importun fardeau, ne trouvant plus d'aſyle chez les gens honnêtes, parce que vous vous en ſerez volontairement ſéparée par un crime, quand vous réuſſiriez aujourd'hui dans vos démarches, vous n'en ſerez pas moins réduite quelque jour à verſer des larmes ſur vos ſuccès ».

« Sortez donc du délire profond dans lequel on vous tient plongée. Je ne vous dis pas de sentir qui vous êtes, mais de calculer ce que vous pouvez devenir, & que du moins la voix de l'intérêt soit assez puissante pour opérer en vous un changement, que je n'attends plus ni des impressions de la pitié, ni des mouvemens de la nature ».

Quels que fussent mes soupçons contre M. Lenoir, je me vis contraint par la nécessité des circonstances où je me trouvois, de recourir à lui pour faire parvenir ma lettre à la dame Kornman; il me promit de la lui remettre, & je sais qu'il ne le fit pas; j'aime à croire que si la dame Kornman l'avoit lue, elle n'eût pas résisté à la force de mes raisons. Au milieu de ses égaremens, rien jusqu'alors n'avoit annoncé en elle une ame absolument corrompue, & il me sembloit qu'un instant de réflexion sérieuse sur les circonstances dont elle étoit environnée, & sur l'avenir qu'elle se préparoit, pouvoit suffire encore pour la rappeller à ses devoirs.

J'abrège. Enfin, le 29 décembre 1781, c'est-à-dire, six semaines après que M. Amelot & M. Lenoir m'ont positivement refusé la permission de retirer la dame Kornman de la maison où elle étoit détenue, je me rends sur la fin de la journée à l'hôtel de la police, pour faire part à M. Lenoir de quelques inquiétudes nouvelles qui m'ont été données. Arrivé dans son sallon, j'y remarque un homme qui m'examine avec une sorte de curiosité insultante : son air d'impudence me frappe, & je ne sais pourquoi je conjecture que c'est le sieur de Beaumarchais. M. Lenoir étant sorti plusieurs fois pour accompagner diverses personnes qui avoient affaire à lui, jette les yeux sur moi, &, comme on le pense, n'a pas de peine à me reconnoître. Au bout d'un quart d'heure, se trouvant seul, il sort de son cabinet, & me regardant sans rien dire, il rentre en prenant par la main le sieur de Beaumarchais, (car je ne m'étois pas trompé) celui-ci entraîne après lui un autre homme habillé de noir. En ce moment, j'ai des pressentimens sinistres; environ une demi-heure après, je vois sortir le sieur de Beaumarchais avec un air de triomphe; il passe devant moi & me toisant insolemment de la tête aux pieds, il disparoît toujours suivi de l'homme qui l'avoit accompagné.

J'entre aussitôt pour demander à M. Lenoir quelque assurance sur le sort de mon épouse.

M. Lenoir se compose, pour me recevoir, une figure qui exprime la douleur & l'intérêt. Il leve les yeux & les mains au ciel, & m'apprend avec une sensibilité étudiée, qu'il vient de remettre, *bien malgré lui*, au sieur de Beaumarchais un ordre du Roi pour retirer la dame Kornman de la maison des dames Douai, & que le sieur de Beaumarchais va la conduire chez un chirurgien des harras de Mgr. comte d'Artois, pour la faire accoucher (1).

A cette étonnante nouvelle, je n'ai pas d'expression pour peindre la révolution qui se fit en

(1) Ceci est prouvé par les dépositions des quatrieme, sixieme, septieme, quatorzieme, seizieme & vingt-unieme témoins, & par la déposition du Sr. de Beaumarchais lui-même.

moi. Je ne sais ce que je dus paroître à M. Lenoir ; mais il me sembla qu'une physionomie de fer saisissoit à la fois tous les muscles de mon visage, & les arrangeoit entr'eux pour une immobilité funeste. Revenu de mon cruel saisissement, j'observe à M. Lenoir au milieu des mouvemens de l'indignation la plus violente, qu'on ne croira jamais que le Roi, protecteur des mœurs & de la paix domestique, ait pu contre les premieres maximes de cette morale éternelle, de laquelle découlent toutes les loix des nations, priver un époux de son épouse, applanir la route du crime à une mere égarée, disposer en faveur d'un homme, qui m'a dépeint lui-même comme le plus artificieux des scélérats, de la propriété la plus inviolable & la plus sacrée ; j'ajoute qu'il me faut sur le champ une satisfaction proportionnée à l'injure que je viens de recevoir ; qu'un tel abus d'autorité crie vengeance, que dans les pays livrés au plus exécrable despotisme, on ne se le permettroit pas impunément ; que le prince, dont on ne craint pas de compromettre ainsi le nom auguste, est encore plus outragé que moi, & que quoiqu'on fasse, on ne m'empêchera pas de porter jusqu'aux pieds du trône, mes justes réclamations.

M. Lenoir un peu déconcerté change de figure, il ose balbutier que je lui manque de respect ; qu'au reste, c'est M. Amelot qui l'a forcé d'exécuter cet ordre ; que la Reine elle-même l'a sollicité, que depuis la mort de M. de Maurepas, le prince de Montbarrey, le prince de Nassau, beaucoup d'autres personnes puissantes, tout le monde enfin, s'est déclaré contre moi.

La rage & le désespoir dans le cœur, je re-ırde le magistrat ; » si je n'avois étouffé, lui s-je, les premiers mouvemens de ma colere, ı récit d'une si effrayante injustice, je me serois ıré à des actes de violence, même contre vous ; ne me retiens encore qu'en considération du ıractere dont vous êtes revêtu ; mais quoi que ous fassiez, vous ne me ferez jamais croire que Reine ait pu autoriser tant d'atrocité, tant de rfidie ; non, ce que vous m'apprenez est im-ossible ; si d'ailleurs on a pu surprendre sa religion force de calomnies, est-ce à un magistrat tel e vous, qu'il appartient de devenir l'exécuteur ın ordre évidemment injuste ? N'avez-vous pas e conscience ? Et quand la vérité tonne sur elle, lave passif du pouvoir, demeurez-vous sans otion ? Ne connoissez-vous que le silence ? Je pecte plus que personne la mémoire de M. de ıurepas ; mais je ne pense pas que toute justice, ıte pudeur soit éteinte en France avec lui, & que ıs le regne d'un Prince équitable, d'un Prince, en montant sur le trône a vengé les mœurs bliques par de hautes disgraces, s'est fait un oir de les assurer par de grands exemples, on sse impunément violer les premieres & les plus ıtes loix de la nature. «

M. Lenoir encore plus déconcerté revient à premiere physionomie ; il me plaint, il s'at-ıtrit sur mon sort, & ne pouvant, dit-il, rien e pour moi, il me conseilla d'aller voir Amélot, qui seul dans la circonstance dé-able où je me trouve, peut me servir avec ès.

faut le dire ; la conduite de M. Lenoir

devoit me paroître d'autant plus étrange, q
les dames Douai lui avoient plus d'une fois po
des plaintes contre la dame Kornman, qui, da
le lieu même de sa détention, se livroit à d
intrigues condamnables (1). M. Lenoir ne pa
voit donc ignorer à quels désordres il alloit li
la Dame Kornman, en lui donnant pour gard
de sa personne & de ses mœurs, un homme
que le sieur de Beaumarchais, & attendu
liaisons qui existoient entre le sieur de Be
marchais & le sieur Daudet, en la mettant
nouveau sous la main de son séducteur.

Forcé néanmoins de suivre le conseil de M.
noir, ou plutôt n'espérant plus rien de lui, j'a
à Versailles pour voir M. Amelot. On me rép
dit qu'il étoit malade; je lui écrivis une long
lettre, dans laquelle me plaignant amérem
de l'injure qui venoit de m'être faite, dé
loppant avec énergie mes justes ressentimen
je laissois entrevoir qu'il étoit possible encore
me retenir dans les bornes de la modérat
dont j'avois fait profession jusqu'alors. « Lis
Monseigneur, disois-je en finissant, lisez
lettre avec tout l'intérêt que ma situation
vous inspirer, songez que je suis rassasié d'
trages, que je parle le langage de la plainte
de la douleur, que je couvre d'une main
plaies & que de l'autre je repousse des ad
saires acharnés à ma perte. Jugez-moi par

(1) Les Dames Douai dans leur déposition, atte
ce fait & déclarent qu'elles ont remis à M. Lenoir
lettres de la dame Kornman, qui le prouvent de la
niere la plus incontestable.

démarches, comme j'ai appris par votre bienfaisance à vous juger, & daignez vous ressouvenir que l'homme qui vous sollicite aujourd'hui, ne voulut pas réclamer auprès de vous toute la justice qui lui étoit due ; qu'il ne vous demanda qu'une grace, celle de le placer dans une position où il pût pardonner sans honte, & oublier sans foiblesse «. Le ministre ne jugea pas à propos de me répondre.

Mécontent de ce silence, je m'en plaignis à M. Lenoir qui, voulant encore affecter un peu d'intérêt pour moi, me dit que, tout considéré, M. Amelot ne faisant rien par lui-même dans son département, il seroit bon que je m'adressasse au sieur Robinet, son premier commis de confiance.

Je vais donc trouver le sieur Robinet ; celui-ci est très-surpris de ce que je lui suis renvoyé. Il m'apprend que M. Lenoir traite mon affaire directement avec M. Amelot. Il ne me cache pas que cette affaire a pris, depuis la mort de M. de Maurepas, une tournure singuliere, & telle, qu'il n'ose se permettre aucune réflexion sur ce qui se passe. Le sieur Robinet, après cette petite confidence, me conseille de retourner à M. Lenoir.

J'y retourne en effet. Sentant aisément que de toute part je suis joué, j'ai avec lui une conférence très-vive. On avoit besoin de m'appaiser ; on me répond, comme on peut, par beaucoup de mensonge ; & je connois M. Lenoir tout entier.

Pendant que ces choses se passoient, la dame Kornman s'occupoit de poursuivre au châtelet sa

ſéparation de corps & de biens ; j'ai dit que j'
décliné la juriſprudence de ce tribunal. Le Ma
de Strasbourg étoit intervenu dans mon aff
& réclamant les privileges de ſon corps, il
demandé au conſeil que je lui fuſſe rem
Cette diverſion avoit un peu déconcerté les
ſures du ſieur de Beaumarchais. Pour la re
inutile, il avoit employé toutes les reſſou
de ſon eſprit auprès des hommes en place, q
pouvoient influer ſur la déciſion que j'atten
Dans un mémoire moitié ſérieux, moitié plaiſ
il avoit eſſayé d'affoiblir l'intérêt que je de
naturellement inſpirer. C'étoit encore le
de la réputation du ſieur de Beaumarchais;
ce mémoire, répandu clandeſtinement par
ſes nombreux affidés, pouvoit me faire un
irréparable.

Je le ſentis; par le conſeil de quelques homm
éclairés, je préſentai directement une requête
Roi : on m'avoit aſſuré que le Sr. de Beaumarch
étoit tellement certain de la crainte qu'il m'inſ
roit, qu'il avoit oſé dire que je ne me permet
jamais de le nommer dans un écrit authentiq
Sans faire aucun effort ſur moi-même, f
éprouver aucun des mouvemens de cette p
contagieuſe qu'il ſe flattoit de répandre autour
lui, je le nommai dans ma requête ; & l'aſſoci
au ſieur Daudet, je demandai que, par le ren
de ma cauſe à Strasbourg, la dame Kornman
ſouſtraite à ſon influence dangereuſe.

Le Roi lut ma requête. Après s'être fait
former de la vérité des faits qui y étoi
expoſés, Sa Majeſté elle-même daigna pronon
de la maniere la plus impérative, dans le co

feil, des dépêches, le renvoi que je desirois.

D'après cet acte de justice, j'imaginai que j'obtiendrois sans peine que la dame Kornman quittât la capitale. J'en parlai à M. Lenoir qui, à mon grand étonnement, me déclara que la conduite de la dame Kornman n'étoit plus de sa compétence; que, parce qu'elle avoit été renvoyée à Strasbourg, pardevant un tribunal ordinaire, il n'avoit plus d'inspection sur elle, & qu'elle étoit la maîtresse de rester à Paris aussi long-tems qu'elle le jugeroit à propos. Il m'en dit assez d'ailleurs pour me faire entendre qu'on ne trouvoit pas bon que je me fusse adressé directement au Roi.

Je l'avoue, je ne m'étois pas fait de la majesté du trône, une idée assez singuliere, pour penser qu'elle n'existe entre le prince & les sujets, que comme une barriere redoutable, qu'il n'est donné qu'à un petit nombre d'individus privilégiés de franchir; &, dans mes idées politiques, le maintien de la justice étant le premier devoir des souverains, il m'avoit paru que je n'usois que d'un droit ordinaire, en la réclamant auprès d'un Monarque qui, dans plus d'une circonstance, avoit annoncé qu'il ne vouloit régner que par elle.

Je suis obligé de présenter ici séparément des faits qui se sont passés à peu près à la même époque. Ce n'étoit pas assez de me faire attaquer par mon épouse, dans les tribunaux; on vient de voir qu'il entroit dans le plan de la conjuration formée contre moi, de renverser ma fortune: ce projet se poursuivoit avec une activité funeste.

La dame Kornman, livrée par les Srs. Daudet & Beaumarchais à la société la plus corrompue, & ne mettant plus aucun frein à ses désordres, alloit annonçant par-tout que mes affaires étoient dans le plus mauvais état, & que dans peu ma maison seroit forcée de faire banqueroute. De leur côté les Srs. Daudet & Beaumarchais font répandre dans les cafés, dans les papiers étrangers, dans les nouvelles à la main, qu'il est impossible que je me soutienne encore long-tems. Le sieur Daudet dit positivement au sieur Cerfberr qu'il n'aura de repos que lorsqu'il aura consommé ma ruine.

La dame Kornman connoissoit à peu près tous mes correspondans, elle en donne la liste à mes persécuteurs, & soudain l'alarme est répandue par-tout où mes relations peuvent s'étendre, & de toute part, auprès & au loin, se forme l'opinion qui doit m'écraser.

Cependant malgré ces manœuvres pratiquées pendant plus d'une année, & que j'avois fréquemment, mais toujours sans succès dénoncées à M. Lenoir, ma maison se maintenoit. On imagine alors de lui porter un coup plus décisif.

Sous le frivole prétexte d'assurer sa dot, on détermine la dame Kornman à mettre opposition sur la totalité de mes biens; on avoit calculé qu'étant renvoyé par un arrêt du conseil en Alsace, pour toutes les contestations nées & à naître entr'elle & moi, ce n'étoit qu'en Alsace que je pouvois me pourvoir pour faire lever cette opposition, qu'il s'écouleroit nécessairement un tems considérable avant que j'y pusse parvenir: que mes débiteurs, ne demandant pas mieux

mieux que de se dispenser de s'acquitter envers moi, concourroient volontiers avec la dame Kornman à empêcher que l'opposition ne fût levée ou que du moins elle ne le fût trop promptement; & qu'ainsi n'étant payé d'aucun côté, je me trouverois dans l'impossibilité physique d'acquitter mes engagemens. Il fallut enfin succomber. Avec un actif surpassant de plus d'un million son passif, ma maison est obligée de demander un arrêt de surséance (1).

---

(1) Il faut entrer ici dans quelques détails; on sent que dans une position si cruelle, nous n'avions, mon frere & moi, que deux partis à prendre.

Le premier, de surmonter, par des opérations hardies, telles que des emprunts forcés, les obstacles dont on nous environnoit; (car je ne pouvois recourir à des ventes précipitées d'immeubles, à cause de l'opposition dont je viens de parler).

Le second, de renoncer absolument à toutes especes d'opérations, & de satisfaire à tous nos engagemens par une liquidation prochaine.

Nous crûmes devoir rejetter le premier parti, parce qu'à l'époque où nous nous trouvions, la guerre avoit rendu le numéraire rare en Europe; que la confiance étoit resserrée à cause des pertes que cette guerre avoit occasionnées au commerce, & que nous ne pouvions faire que des emprunts ruineux, & nous exposer ainsi à des pertes considérables.

Il nous parut plus conforme à la réputation de justice & de probité, dont notre maison jouissoit dans toute l'Europe, d'adopter le second parti; d'ailleurs avec une santé délabrée, & les intrigues de toute espece qu'il me falloit combattre, il m'étoit impossible de m'occuper davantage du commerce; & de son côté mon frere, enveloppé lui-même dans le systême de persécution dont j'étois l'objet, sachant que les opérations de banque ont pour base essentiellement la confiance, & jugeant qu'il lui seroit difficile de lutter long-tems contre l'armée de

Dans un mémoire qu'elle présente à l'administration, pour obtenir cette surséance, après avoir exposé une partie des événemens qui l'obligent d'y recourir, elle annonce qu'il lui reste assez de ressources pour payer ses créanciers en capital, intérêts & frais; je dois dire ici qu'elle se trouve avoir satisfait aujourd'hui avec la derniere rigueur, à l'engagement qu'elle prenoit à cette époque (1).

---

calomniateurs que nous avions en tête, trouva plus sage de faire sur le champ un grand sacrifice, que de compromettre le gage de nos créanciers, par des opérations hasardées, & dont le succès dans les circonstances où nous nous trouvions, devenoit trop problématique.

En conservant le gage de nos créanciers, par notre renonciation au commerce, il nous parut convenable en même-tems d'assurer le sort des personnes qui étoient attachées depuis long-tems à notre maison de banque. En conséquence nous avons pris toutes les mesures nécessaires, pour leur ménager des ressources chez les banquiers auxquels nous avons cédé la suite de nos affaires, & celles qu'un âge avancé rendoit incapables de fournir aucune carriere, ont reçu de notre part des pensions suffisantes pour leur entretien.

Croiroit-on qu'avec une conduite si prudente & si désintéressée, nous avons eu encore des obstacles à combattre? Plusieurs personnes, que je ferai connoître dans peu, ont profité de la situation accablante où nous nous trouvions, pour s'attribuer d'une maniere indécente, ce qui ne leur appartenoit pas. On regardoit notre fortune comme une succession ouverte à la cupidité de ceux qui vouloient s'en emparer, & considérant les ennemis redoutables qui nous assailloient de toute part, on comptoit sur l'impunité en s'appropriant nos dépouilles.

(1) Je crois pouvoir dire avec la derniere rigueur, quoiqu'il nous reste encore un vingtieme de nos engagemens à payer. Les fonds pour rembourser ce vingtieme

Le Roi bien instruit de la conduite de mon frere & de la mienne, non-seulement ordonne qu'on expédie l'arrêt de surséance que nous demandons, mais il daigne encore nous accorder des lettres-patentes qui commettent la grand'chambre du parlement pour juger toutes les contestations auxquelles notre suspension du paiement pouvoit donner lieu, soit à Paris, soit dans les provinces.

Je n'étois pas assez malheureux, & les Srs. Daudet & de Beaumarchais n'avoient pas encore assez fait pour ma ruine. Ici je suis forcé d'entrer dans des détails indispensables sur une affaire intimement liée à l'affaire principale qui m'occupe. On va voir jusqu'à quel degré de noirceur, il est possible de porter l'esprit de vengeance, de persécution & d'intrigue.

Dans le courant de l'année 1779, M. le cardinal de Rohan, supérieur immédiat des Quinze-Vingts, en sa qualité de grand-aumônier de France, avoit vendu, sur l'autorisation expresse de Sa Majesté, à une société de capitalistes, les bâtimens & les terreins de cet hôpital, moyènnant la somme de six millions trois cens douze mille livres (1).

---

sont assurés par la vente d'un immeuble considérable qu'a faite ma maison de banque. Ils sont déposés chez différens particuliers, & nos créanciers les auroient déja touchés, si la personne qui dans le principe nous a vendu cet immeuble, & dont la richesse est connue, ne s'étoit trouvée en contestation avec quelques créanciers qui ont mis opposition à leur délivrance.

(1) Cette opération, qu'on a trop calomniée, étoit avantageuse au Roi, & à l'hôpital des Quinze-Vingts,

La société avoit divisé ses fonds en quarante actions, dont six avoient été réservées à M. le duc d'Orléans, alors duc de Chartres, & quatre à M. le Cardinal, pour l'hôpital des Quinze-Vingts. J'avois pris trois actions dans l'entreprise, & de plus, à la sollicitation de M. de Maurepas, je m'étois chargé, en refusant toute espece de rétribution, de la surveillance de la caisse. Mes actions & les avances que j'ai faites à la caisse, forment pour moi un capital d'environ six cens mille livres.

Par le contrat d'acquisition, revêtu de lettres-patentes, on étoit convenu de plusieurs conditions, dans le détail desquelles il est inutile d'entrer ; mais qui toutes avoient pour objet de faciliter aux intéressés, le succès du plan qu'ils avoient formé, en acquérant une propriété si considérable.

Les conditions ne furent point exécutées, & leur inexécution ayant occasionné des dommages de toute espece à la société, elle se vit dans la nécessité de se pourvoir contre l'hôpital, en résiliation de son marché.

Elle fit en conséquence une députation à M. le Cardinal. J'étois au nombre des députés. M. le Cardinal écouta nos réclamations & en sentit

---

en ce qu'elle portoit ses revenus de la somme de soixante mille livres, à laquelle ils se montoient, à celle de trois cens mille livres ; au Roi, en ce que les constructions que la société se proposoit de faire sur les terreins cédés, entrant dans le commerce, il en résultoit pour le fisc, soit en vingtieme, soit en droits seigneuriaux, soit en lods & ventes, une augmentation de revenu de plus de deux cens mille livres.

toute la justice ; mais considérant que si l'exploitation de l'entreprise souffroit quelque interruption, il en résulteroit une perte immense & une suspension de revenu pour l'hôpital, il ne négligea rien pour nous rassurer, & nous promit au nom du Roi, qu'on employeroit les moyens les plus satisfaisans, pour nous mettre en état de continuer nos travaux avec succès.

M. le Cardinal me prit ensuite en particulier, il me dit qu'il n'avoit de confiance qu'en moi, il me conjura de soutenir la société de tout mon crédit.

J'exposai à M. le Cardinal les circonstances dans lesquelles je me trouvois, la conduite de mon épouse, les manœuvres que les Srs. Daudet & de Beaumarchais employoient pour renverser ma maison, & procurer en particulier ma ruine ; je conclus que dans de pareilles circonstances, il m'étoit impossible de ne pas mettre des bornes à mon zele. M. le Cardinal insista, & applaudissant spécialement à la modération de mes procédés envers la dame Kornman, il s'efforce de me persuader que je ne courois aucun risque, en demeurant intéressé dans l'entreprise, & qu'une telle affaire étant devenu une affaire du gouvernement, il n'étoit pas possible qu'elle devint jamais douteuse pour celui qui s'occuperoit de la maintenir.

Je cédai aux instances de M. le Cardinal ; cependant je savois qu'il recevoit le Sr. Daudet, & sur-tout le Sr. de Beaumarchais chez lui, & que même mon épouse y étoit assez fréquemment admise. M. le Cardinal est aujourd'hui dans la disgrace, & je dois m'expliquer sur son compte avec le respect qu'on doit au malheur. Dans une affaire célebre, en démontrant son innocence, il a prouvé qu'il pouvoit involontairement devenir l'instrument d'une perfidie. Ici on va voir que sans doute il a été trompé encore une fois, & qu'égaré par les conseils de deux hommes dont il n'a pas su se défier assez, il a concouru d'une maniere bien cruelle à ma perte.

Un jour que je m'entretenois avec lui sur l'affaire des Quinze-Vingts, (ceci est important) il parut s'intéresser à mes peines avec plus de vivacité qu'à l'ordinaire ; remarquant combien ma santé étoit altérée, il me dit que je ferois sagement d'oublier les justes ressentimens que j'avois contre la dame Kornman, que je ne devois plus songer qu'à ma tranquillité, qu'il vouloit m'aider en ce point, qu'en conséquence il me conseilloit de faire à la dame Kornman une pension de 12000 liv. & de lui remettre ses diamans ; qu'à ces conditions, il la détermineroit à se retirer dans un lieu décent, même dans sa famille, & qu'il espéroit qu'elle se conduiroit enfin de maniere à ne plus faire parler d'elle.

M. le Cardinal ajouta que, pour faire diversion à mes chagrins, il seroit bon que j'entreprisse un voyage considérable, & que je m'affranchisse avant que de partir, de toute affaire à Paris.

Après ce préambule, M. le Cardinal me propose de me faire rembourser de tous les fonds que j'avois dans l'entreprise des Quinze-Vingts par une personne qu'il me nommeroit, quand il en seroit tems, & qui ne demandoit à cet effet, que d'avoir une connoissance parfaite de la situation actuelle de la société.

Je réponds que je ne peux donner ces renseignemens moi-même; que je mets même une sorte de délicatesse à ne les pas donner, puisqu'il s'agit de traiter de mon intérêt; que M. le Cardinal a dans la société un agent qui est en état de les procurer à la personne dont il m'a parlé; que d'ailleurs, cette personne peut se transporter elle-même dans les bureaux de la société, qui se tiennent chez le sieur Séguin, trésorier de M. le duc de Chartres, & y recueillir tout ce qui est nécessaire à son instruction; je prie qu'on remarque ma réponse.

J'insiste ensuite pour que la personne me soit nommée. M. le Cardinal refuse pendant trois jours, enfin il m'annonce que c'est le sieur de Beaumarchais.

A ce nom sinistre, je recule d'effroi, je sens s'éveiller à la fois toutes mes inquiétudes, je m'écrie qu'on me livre à mon ennemi. M. le Cardinal s'efforce de me rassurer. » Je vous réponds de Beaumarchais, il m'a des obligations particulieres. Dans ce moment je vais le faire payer par M. Joly de Fleury, de toutes les fournitures qu'il a faites pour l'Amérique; mais je l'ai prévenu que ce remboursement n'auroit lieu qu'autant qu'il vous auroit lui-même remboursé «. Ces dernieres paroles étoient propres à me ramener à des idées plus douces; mais le sieur de Beaumarchais m'étoit bien connu, & je n'étois pas tranquille encore. Je vais trouver l'abbé Georget, grand-vicaire de M. le Cardinal. Il acheve malheureusement de dissiper mes craintes, & séduit par l'intérêt qu'on me témoigne, je fais tout ce qu'on exige de moi.

Voilà donc de mon consentement l'affaire des Quinze-Vingts livrée à l'examen du sieur de Beaumarchais. A peine a-t-il acquis le droit d'en prendre connoissance, qu'il se rend chez moi, & me prescrit avec audace, qu'il ne me paroît d'abord que ridicule, de me rendre incessamment chez Me. Momet, notaire & d'y signer des conventions qu'il a jugé à propos de rédiger, dit-il, pour terminer mes différends avec mon épouse. Je prends la liberté de faire quelques observations au sieur de Beaumarchais, tant sur les conventions en elles-mêmes, que sur le ton d'insulte avec lequel il les propose. Le sieur de Beaumarchais s'emporte, & comme il me voyoit assez calme, assez tranquille, prenant mon sang-froid pour de la crainte, il affecte tous les airs de bravoure d'un spadassin. Irrité de tant de pétulance, je lui observe que si, contre mon gré, il existe entre lui & moi, quelque cause d'inimitié personnelle, ce n'est pas par des injures & de vaines menaces qu'il faut nous venger, qu'il doit connoître des procédés plus décisifs, plus usités entre les gens honnêtes, & que quand il le voudra, nous pourrons y recourir pour mettre fin à nos querelles; en même tems, & en attendant qu'il fût décidé sur le parti que je lui proposois, je le prie d'une maniere assez pressante, de vouloir bien sortir de chez moi. Le sieur de Beaumarchais devenu moins pétulant, sort en effet, mais toujours la menace à la bouche; & avant de me quitter, il me dit avec l'assurance d'un homme qui connoît ses moyens: *Souvenez-vous que Pierre-Augustin Caron de Beaumarchais vous perdra.*

Il étoit plus facile au sieur de Beaumarchais de

me perdre, que d'accepter le genre de satisfaction que je lui offrois. A quelques jours delà, j'apprends par la voix publique qu'il m'accuse d'avoir malversé dans l'affaire des Quinze-Vingts, & qu'il dit hautement, que coupable de manœuvres criminelles, il est difficile que je puisse échapper à la juste sévérité du gouvernement. On voit maintenant pourquoi le sieur de Beaumarchais avoit offert de se mettre à ma place, dans l'affaire des Quinze-Vingts.

En attendant que j'arrive à la partie de mon récit, où je confondrai ces nouvelles calomnies, on peut se demander si un homme qui avoit consenti que le sieur de Beaumarchais prît connoissance, comme il jugeroit à propos, de l'affaire des Quinze-Vingts, qui avoit refusé d'être présent aux renseignemens qui lui seroient donnés, qui n'avoit pas craint de se livrer ainsi tout entier à l'inspection de son ennemi, avoit quelques reproches à se faire, & devoit s'attendre à devenir l'objet d'une diffamation si cruelle.

Quoi qu'il en soit, au moment où ma maison obtient l'arrêt de surséance dont j'ai parlé, on imagine de tirer parti contre moi de cette malheureuse affaire des Quinze-Vingts, on décide qu'on s'en prévaudra pour me faire excepter du bénéfice de l'arrêt de surséance ; & en conséquence, le sieur de Beaumarchais écrit à M. Amelot la lettre suivante, qu'on me permettra de transcrire ici toute entiere.

M.

« Sans chercher à nuire au sieur Kornman, à

qui vous avez eu, dit-on, la bonté de faire accorder un arrêt de surséance, j'ai l'honneur de vous prévenir que M. le Cardinal de Rohan m'a très-instamment prié, avant son départ, de jetter un coup-d'œil sévere sur l'administration de l'affaire des Quinze-Vingts, dont son éminence a vendu les terreins à une compagnie, au nom du Roi ; que Mgr. le duc de Chartres m'a fait la même demande, avec une égale instance, parce que son trésorier qui ne lui a pas encore rendu ses comptes, est à la tête de cette acquisition, avec le sieur Kornman ».

« A l'examen austere que j'ai fait de cette affaire, j'ai trouvé qu'il y avoit bien du tripotage, & un *peu du désordre qui a entraîné la chûte de Kornman* ; forcé de faire ôter la caisse de cette entreprise à ce dernier, pour que le mal n'augmentât pas, j'ai exigé de lui des *comptes rigoureux*, sur sa gestion, & une foule de choses m'ont alors convaincu qu'*il a ménagé de bien loin la faillite qu'il fait aujourd'hui* ».

« En l'absence de M. le Cardinal de Rohan, dont je stipule ici les intérêts en qualité d'administrateur des Quinze-Vingts, & pour les intérêts de Mgr. le duc de Chartres, & en faveur d'une compagnie de.......................... à laquelle la faillite de Kornman & ses suites peuvent porter un coup affreux ; j'ai l'honneur, Monsieur, de vous supplier, de vouloir bien excepter de la surséance accordée au S. Kornman, tout ce qui tient à ses relations avec l'affaire des Quinze-Vingts »

« Je fais la même supplique à M. Lenoir, qu'on a sûrement trompé sur l'état des choses, si l'arrêt de surséance est accordé sans restriction «.

» Il importe aux intérêts du Roi, à celui de M. le Cardinal, & à celui de Mgr. le duc de Chartres, & à celui d'une affaire majeure que la mauvaise conduite de Kornman *a traîné dans la boue*, que vous ayez la justice, Monsieur, de faire ordonner la restriction que je vous demande «.

» Accablé, comme je le suis, de mes propres affaires, celle-ci devroit m'être éternellement étrangere; mais deux personnes augustes m'ont fait de si vives instances de porter le flambeau de l'austere équité, dans une caverne obscure & méphytique, que je n'ai pu me dispenser de travailler à éclairer leur religion abusée sur cet objet important «.

» En l'absence de l'un & de l'autre, & sans autre mission que celle que j'ai l'honneur de vous indiquer, mais que je crois la plus forte de toutes, je me hâte de vous représenter, Monsieur, la nécessité d'une aussi grave restriction, dans la surséance accordée par le Roi à la maison Kornman; je souhaite beaucoup que Guillaume Kornman soit plus digne de votre protection dans ses autres affaires, que dans celle des Quinze-Vingts, où il s'est comporté de la maniere la plus répréhensible, & c'est le plus doux adjectif que je puisse employer pour désigner une conduite absolument inexcusable; je suis, &c.

On conviendra qu'il étoit difficile d'employer à la fois plus d'impudence & de méchanceté. Le sieur de Beaumarchais avoit fait un examen austere de l'affaire des Quinze-Vingts! Et quand & avec qui avoit-il entrepris & consommé cet examen austere?

Le ſieur de Beaumarchais avoit exigé de m *des comptes rigoureux* ! Eh qu'il m'apprenne quelle époque il avoit eu l'audace de me demand des comptes rigoureux ! Je ne l'avois vu que tr fois ; une fois chez M. Lenoir, à l'inſtant où m épouſe lui avoit été remiſe, & je ne lui avois p parlé ; une fois chez M. le Cardinal, & je avois à peine dit quatre paroles ; une fois, ch moi, & on vient de voir, ſi dans cette derni circonſtance j'avois l'air d'un homme diſpoſé ſoumettre ma conduite à ſa cenſure ! A quel époque donc avoit-il débattu avec moi (car c'ét avec moi qu'il falloit sûrement les débattre), quelle époque avoit-il débattu les diverſes part de la geſtion qui m'avoit été confiée (1) ?

Le Sr. de Beaumarchais prétend qu'il m'a f *ôter la caiſſe des Quinze-Vingts* ; & cette caiſſe véritablement jamais été dans mes mains, & comme je l'ai dit, je n'ai jamais été chargé d'a tre choſe que de ſa ſurveillance. Or qu'il me mo tre, s'il l'oſe, la délibération de la ſociété q m'a privé de la ſurveillance de ſa caiſſe, qu produiſe un ſeul fait qui prouve que j'ai mér d'en être dépouillé.

Le ſieur de Beaumarchais aſſure qu'une fou de choſes, toujours relatives à ma geſtion, l'a convaincu que j'ai ménagé de bien loin la faill que je fais aujourd'hui ; on vient de voir comme

(1) D'ailleurs en quelle qualité le Sr. de Beaum chais m'auroit-il fait rendre des comptes rigoureux ; avo il une miſſion du gouvernement à cet effet ? Etoit aſſocié dans l'entrepriſe ? En un mot, quel étoit ſon tit pour ſoumettre mes opérations à ſa cenſure ?

cette prétendue faillite a été préparée ; & d'ailleurs pouvoit-il dire que ma maiſon avoit failli, quand avec un actif ſurpaſſant d'un million ſon paſſif, elle n'avoit demandé que le tems de payer, quand elle n'avoit eu recours qu'à un ſimple arrêt de ſurſéance ? Pouvoit-il dire, l'impoſteur, qu'une telle faillite avoit été ménagée de loin par des moyens criminels, lorſqu'en demandant cet arrêt de ſurſéance, il ſavoit que nous nous étions engagés à rembourſer nos créanciers *en capital*, *intérêts & frais* ; & je vins d'atteſter qu'en effet nous les avons rembourſés *en capital*, *intérêts & frais*.

Et le ſieur de Beaumarchais parle au nom de deux perſonnes auguſtes qui ſont *abſentes*, & dont il confeſſe qu'il n'a aucune miſſion ſpéciale pour la démarche hardie qu'il ſe permet, & c'eſt *ſon zele pour le bien public qui le dévore*, *& c'eſt en portant dans une caverne méphytique le flambeau de l'auſtere équité*, *qu'il va*, *dit-il*, *relever une affaire majeure que j'ai jetté dans la boue !*

J'ai promis d'être modéré ; mais un homme dont la vie entiere n'a été qu'un attentat perpétuel contre les mœurs & la probité, un homme jetté dans toutes les affaires, dans toutes les entrepriſes, pour en abuſer à ſon profit ; un homme qui n'a jamais connu d'autres reſſources pour accroître ou maintenir ſa fortune, que l'intrigue, l'eſpionnage, la délation, la mauvaiſe foi ; bas, quand il eſt de ſon intérêt de ramper ; audacieux, quand il s'eſt arrangé pour ne pas craindre ; inſultant à l'autorité, quand il peut le faire avec ſuccès ; ſe vendant à l'autorité quand il peut en eſpérer des faveurs ; un homme qui, pour citer un fait trop connu, dans une circonſtance politique, importante pour nous, se fait charger des fournitures nécessaires l'Amérique Anglaise à l'instant où nous l'aidons briser ses fers, & qui, au milieu des plus grand intérêts, ne méditant que son profit personnel inonde les contrées du Nouveau Monde de mar chandises avariées, & porte ainsi, au-delà de mers, un coup funeste au commerce national, la réputation du nom François; un homme qui pour citer encore un fait plus connu, traîné publi quement dans la boue par un écrivain fameux qu'il a eu l'impudence d'insulter, n'a pas osé lever le front devant lui, & qui par son silence coupable a justifié l'opprobre dont il a été couvert; un homme, en un mot, qui toute sa vie ne s'est agité que dans un foyer de corruption & d'imposture, & dont la sacrilege existence atteste avec un éclat si honteux le degré de dépravation profonde où nous sommes parvenus; un tel homme ose parler de son zele pour le bien public, & c'est dans ses mains fangeuses que brille le flambeau de *l'austere équité*; certes il doit bien être permis de s'aban-donner à tous les mouvemens de son indignation & de sa douleur, quand on songe que c'est sous les coups d'un adversaire si vil & qui devoit être si peu redoutable qu'on a succombé.

Ce n'est pas tout; en même tems que le sieur de Beaumarchais écrivoit à M. Amelot pour me faire excepter de l'arrêt de surséance, le sieur Daudet & lui, engageoient la dame Kornman à écrire également à ce ministre pour le même objet, & toujours sous le prétexte d'assurer sa dot; comme si sa dot devoit être plus en sûreté, lorsqu'on auroit mis le feu dans mes affaires, & qu'on auroit livré ce qui me restoit de fortune à des hommes achar-nés à ma ruine.

Sur la lettre de la dame Kornman & du ſieur de Beaumarchais, M. Amelot m'excepte de l'arrêt de ſurſéance.

Ce n'eſt pas tout encore ; il ne ſuffiſoit pas de renverſer ma maiſon de banque & d'envahir ma fortune perſonnelle, il falloit en même tems, ſi la choſe étoit poſſible, me dépouiller de ma liberté, & me faire périr dans une priſon, couvert de l'opprobre que je n'avois pas mérité.

En conſéquence on médite d'obtenir un ordre du miniſtre pour me faire enfermer à la baſtille, comme coupable de malverſation dans une affaire où le Roi eſt ſpécialement intéreſſé.

J'étois mourant ; depuis long-tems ma maiſon étoit environnée & remplie d'eſpions. J'en étois inſtruit, & je ne pouvois pas même dans mon intérieur eſpérer la paix & la confiance dont j'avois beſoin.

Je n'oublierai jamais qu'un pauvre d'un âge avancé, inſpirant la pitié par le ſpectacle de ſes ſouffrances & de ſon abandon, ſe tenoit ordinairement durant la plus grande partie du jour ſur le ſeuil de ma porte ; j'avois ordonné à mes gens qu'on prît ſoin du pauvre, & moi-même je ne rentrois jamais chez moi ſans lui faire une légere aumône ! Eh bien le pauvre étoit un eſpion chargé d'obſerver mes démarches & d'en rendre compte.

Parmi mes gens quelques-uns depuis long-tems s'étoient vendus à mes perſécuteurs, & me trahiſſoient. Je n'exiſtois que pour ſoupçonner ou pour craindre, je ne voyois approcher aucun d'eux que je n'éprouvaſſe un ſentiment de terreur, & que mon ame ne s'ouvrît à la défiance. Enfin tandis que je ne vivois que pour être en proye aux perplexités les plus horribles, on tente de m'empoisonner chez moi. La dose du poison heureusement n'est pas assez forte pour me faire périr ; je dors trente-six heures de suite d'un sommeil tourmenté, & je me réveille dans un état affreux.

C'est en cet instant, c'est au sein de ces circonstances accablantes que j'apprends qu'on sollicite, & qu'on est prêt d'obtenir un ordre pour me faire enfermer. Je demeure immobile d'indignation & d'effroi ; cependant je veux demeurer, ne me souciant plus de défendre une vie contre laquelle on conspire avec tant de violence, regardant la prison comme mon tombeau, & n'y appercevant que la fin prochaine de mes douleurs. Quelques amis qui me restoient encore, combattent ma résolution ; je résiste d'abord avec opiniâtreté, enfin je cede à leurs instances, préoccupé tout à coup par une idée terrible. Pour la troisieme fois je prends la route de Spa, accompagné d'un valet-de-chambre qui depuis vingt ans étoit à mon service, dans lequel j'avois mis toute ma confiance, & dont on avoit aussi corrompu la fidélité.

Me voilà donc sur la route de Spa. Oh ! qui peut se faire une idée de mon tourment ! Qui peut concevoir l'état d'oppression & d'angoisse auquel j'étois parvenu ! Il y avoit peu d'années que, jouissant d'une fortune qui suffisoit à mes souhaits, environné de l'opinion des honnêtes gens, vivant pour une femme adorée, nourrissant dans une ame tranquille toutes les affections, toutes les habitudes douces, sans lesquelles il n'est pas de bonheur sur la terre ; il y avoit peu d'années que je voyois se développer devant moi la perspec-

tive

tive la plus consolante & la plus heureuse ; & maintenant je fuyois, solitaire, abandonné, proscrit, & ma fortune étoit dispersée ; & avec une conscience sans remords, la conduite la plus noble & la plus pure, je traînois après moi l'insupportable fardeau d'une réputation douteuse ; & la femme que j'avois tant aimée, devenue, à force d'imprudence & d'erreurs, le plus cruel instrument de ma perte, loin de moi peut-être s'applaudissoit, avec mes implacables persécuteurs, du funeste succès de ses démarches.

Oh ! comme les heures se succédoient lentement ! Comme elles m'apportoient toutes, ou des souvenirs déchirans, ou de pénibles pensées ! Comme la tristesse, semblable à une nuit matérielle & profonde, pesoit sur mes facultés abattues ! Combien j'étois infortuné ! Quelquefois rappellant ma raison, ranimant un peu mon courage, j'essayois de m'élever au-dessus de ma destinée présente ; & dans ce court instant de vie, je sentois la douleur sur mon cœur déchiré, comme un vautour rongeant un plaie vive & sanglante. Quelquefois, pour fuir le présent qui m'accabloit, j'essayois de détourner mes regards vers l'avenir. Combien il étoit épouvantable l'avenir ! Comme, au milieu du tumulte de mes idées, toutes les situations qu'il m'offroit, étoient affligeantes & cruelles ! Et mes enfans qu'alloient-ils devenir ! Encore dans le premier âge, ils n'avoient d'autre appui que moi sur la terre ; & si je succombois à mes peines, à quel sort funeste étoient-ils réservés ? Hélas ! je les voyois sacrifiés par une mere dénaturée à son lâche séducteur, lutter seuls contre une foule d'événemens domestiques qui ne se succédoient, dans mon imagination, que pour leur avilissement & leur ruine. Nés avec toutes les inclinations aimables qui pouvoient me les rendre chers, ils ne devoient croître désormais qu'au sein de l'intrigue & des mauvaises mœurs. S'ils résistoient aux exemples corrupteurs, dont ils alloient être environnés, la peine, & peut-être la pauvreté, & l'opprobre du nom de leur pere, l'opprobre d'un nom flétri par d'affreuses calomnies, les attendoit à leur entrée dans le monde pour les tourmenter à la fois par tous les fléaux qui peuvent abattre ou désoler des ames généreuses.

Pardonnez-moi, mon Dieu, si, parmi ces funestes images, j'osois douter de ta providence; si, détaché avec effort de tout ce que j'avois aimé, de tout ce que j'aimois, ne tenant plus à la société que par des regrets, ne voyant par-tout que le crime triomphant, & l'innocence plaintive; délaissé, malheureux, pardonne-moi, si j'ai cru quelques instans qu'une nécessité aveugle se jouoit ici-bas de toutes les destinées; si j'ai pensé que la vertu n'étoit qu'un vain nom, les devoirs que la nature ou la société nous imposent, que les liens imaginés par la force, pour enchaîner & mettre à profit la foiblesse. Pardonne-moi, si, dans mon désespoir mortel, n'appercevant plus de repos pour moi, plus de bonheur désormais possible, abymé dans un océan de douleur & d'inquiétudes, j'ai voulu m'affranchir d'une vie qui ne m'offroit qu'une longue perspective d'infortunes & d'insupportables tourmens. Je m'agitois parmi des phantômes; je n'entendois que des cris funebres; un deuil affreux m'enveloppoit tout entier ; & aucun rayon de lumiere n'en tempéroit les ombres redoutables. Que pouvois-je contre tant de maux ! Trop foible, trop accablé pour les supporter davantage, ai-je dû regarder comme un crime le projet de m'y soustraire sans retour ; & ne respirant plus que pour souffrir, & n'appercevant la paix qu'au-delà du tombeau, n'étoit-il pas tout simple que je voulusse hâter le moment où je devois y descendre ? »

C'est dans ce trouble cruel de ma raison que j'arrive à Spa. Heureusement pour moi, j'y trouve un ami dont j'estimois le courage & les conseils. Jeune encore, il avoit éprouvé tous les chagrins qui peuvent exercer une ame sensible ; & l'habitude du malheur lui avoit appris à ne pas regarder la peine des autres avec indifférence. Le tableau que je lui fis des derniers événemens de ma vie, l'intéressa vivement ; il entrevit tout l'effet qu'ils devoient produire sur moi ; & c'en fut assez pour qu'il ne me quittât plus. Loin des assemblées tumultueuses de Spa, qui ne m'auroient offert que l'image d'un monde que je détestois, nous passions nos journées à nous promener dans les lieux les plus écartés & les plus solitaires. Là, par des conversations douces, & des réflexions que lui inspiroit tantôt le souvenir des maux qu'il avoit soufferts, tantôt le spectacle des scenes imposantes & paisibles que la nature déployoit autour de nous, il s'efforçoit de me distraire des pensées funestes qui m'agitoient. Insensiblement mes idées, en se mêlant aux siennes, perdirent de leur trouble & de leur incertitude ; le calme se rétablit un peu dans mon cœur ; &

mes ressentiments, sans cesser d'être moins profonds, devinrent moins amers. Alors il me parla de mes enfans, il me rappella tout ce que je leur devois, tout ce que je me devois à moi-même; & me faisant regarder comme une espece de lâcheté, d'abandonner ma réputation & ma fortune à des hommes qui ne seroient bientôt plus dangereux, si j'avois enfin le courage de les connoître; il m'exhorta, sitôt que ma santé seroit rétablie, à retourner à Paris, pour y solliciter avec éclat la justice qui m'étoit due.

En effet, après trois mois de séjour, soit à Spa, soit à Aix-la-Chapelle, je revins à Paris. On va me voir encore livré à de nouveaux orages, employer tous les instans de ma vie, tantôt à déconcerter une intrigue, tantôt à me dégager d'un piege, tantôt à combattre une calomnie.

J'avois deux choses à faire en arrivant; d'une part je devois arracher les débris de ma fortune aux mains des hommes qui l'avoient envahie, & recouvrer en même tems ma réputation trop cruellement compromise par leurs lâches impostures; d'autre part, il falloit mettre la dame Kornman, prétexte éternel de persécution contre moi, hors d'état de me nuire désormais, & l'empêcher elle-même de s'égarer davantage.

Je m'occupai de ces deux objets en même tems.

J'attaque d'abord l'administration des Quinze-Vingts, à laquelle présidoit le Sr. Séguin, ancien trésorier de M. le duc de Chartres, principal actionnaire de l'entreprise; & bien instruit que, depuis que le sieur de Beaumarchais s'en est occupé, il y regne un désordre punissable, je demande qu'il me soit rendu un compte fidele de la maniere dont les affaires communes ont été gérées.

On me répond avec effronterie, que je suis absolument sans intérêt dans l'entreprise ; & que, loin d'en être créancier, j'en suis peut-être débiteur. Je ne conçois rien, dans le premier moment, à ce langage. On me voyoit malheureux, sans protecteurs, sans appui ; mais j'avois déposé en effets bien réels, dans la caisse de la société, la somme de six cents mille livres ; & c'étoit certe un procédé bien hardi, que d'entreprendre de réduire au silence un homme qui avoit la répétition d'une somme si considérable à former.

Forcé de me livrer à d'autres discussions avec la dame Kornman, je ne veux pas d'abord agir par moi-même contre mes adversaires ; j'ai recours au sieur abbé Beaudeau, qui étoit alors à la tête des finances de M. le duc de Chartres ; & je le prie de se charger de la défense de mes intérêts. On l'amuse pendant dix-huit mois. Enfin voyant qu'on s'obstine toujours à ne me rendre aucun compte, je me présente à l'administration, accompagné d'un procureur, & décidé à traduire dans les tribunaux les détenteurs de ma fortune.

Le sieur Séguin & ses associés, poussés jusques dans leurs derniers retranchemens, usent d'un moyen tout à fait extraordinaire pour se tirer d'embarras. J'ai déja dit qu'à la priere de M. de Maurepas, j'avois bien voulu me charger de la surveillance de la caisse de la société. J'avois payé, en conséquence, une grande partie des dépenses des entrepreneurs & des ouvriers employés aux constructions des Quinze-Vingts ; &, pour assurer la sincérité des comptes qui me seroient présentés j'avois pris la précaution d'assujettir les comptables à une formalité de plus qu'on ne l'avoit fait avant moi. On se prévaut de cet excès de précaution ; &, pour retenir mes six cents mille livres, on a l'audace de me déclarer qu'on ne m'allouera pas ma dépense qui se montoit à la somme de neuf cents mille livres, précisément parce que, sans rien négliger de ce qu'on a pratiqué jusqu'à l'époque de ma gestion, j'ai cru qu'il étoit de la prudence d'aller encore au delà.

Irrité de tant de mauvaise foi, je prends mes mesures pour attaquer mes adversaires dans les tribunaux ordinaires. La crainte s'empare d'eux; ils étoient trop coupables, pour n'avoir pas recours à l'intrigue. En conséquence ils s'adressent à M. le Cardinal qui, sans doute toujours trompé par le sieur de Beaumarchais, obtient un arrêt du conseil, portant attribution au bureau des économats, de toutes les contestations nées & à naître, relativement à l'affaire des Quinze-Vingts.

M. le Cardinal avoit prévenu le sieur Séguin & ses associés, qu'il avoit la plus grande influence dans le bureau des économats, & qu'il sauroit me rendre cette influence funeste. Ma cause étoit trop claire pour que j'eusse aucun tribunal à redouter. Je présentai ma requête au bureau, aux fins de me faire rendre le compte que je demandois. Le bureau, entrevoyant, de la part de mes coassociés, des manœuvres qu'il importoit de déconcerter, résista, comme je l'avois bien pensé, à l'influence de M. le Cardinal; &, en attendant que l'administration des Quinze-Vingts produisît son compte, il nomma un séquestre pour percevoir les revenus de l'entreprise, c'est-à-dire, les loyers des maisons construites sur les terreins que nous avions acquis.

Ce coup imprévu étonne un peu mes adversaires. Pour s'en garantir en quelque maniere, ou différer au moins la restitution à laquelle j'allois les forcer, ils imaginent une ruse de guerre tout-à-fait extraordinaire.

Un entrepreneur des bâtimens de Quinze-Vingts avoit détourné, à son profit, des matériaux destinés à ces bâtimens. Le Sr. Seguin, d'accord avec le Sr. de Beaumarchais, menace cet entrepreneur de lui faire un procès criminel, si, dans un acte pardevant notaire, il ne me charge pas du délit dont il s'est rendu coupable. L'entrepreneur intimidé fait ce que l'on veut; &, dans une déclaration qu'on le force de souscrire, il dit qu'il a détourné de l'entreprise des Quinze-Vingts, pour des constructions qui me sont particulieres, une valeur en matériaux de 92,000 livres.

Cette déclaration avoit été faite peu de tems après mon retour à Paris, &, je crois, à l'époque où je me présentai, pour la premiere fois, à l'administration des Quinze-Vingts, pour me faire rendre le compte dont j'ai parlé.

Je prie qu'on observe ceci. On tient cette déclaration secrette, pendant environ deux années. A l'instant où l'on s'apperçoit que le bureau de économats est disposé à jetter un regard sévere sur l'administration de l'entreprise des Quinze-Vingts, on s'en prévaut tout-à-coup; on poursuit l'entrepreneur au châtelet, sans me prévenir; & moi je me trouve impliqué, de la maniere la plus déshonorante, dans la procédure criminelle qui lui est intentée.

J'ai peine à revenir de ma surprise. J'étois accoutumé cependant aux manœuvres de mes adversaires ; & il semble que rien ne devoit m'étonner de la part du Sr. de Beaumarchais, devenu depuis long-tems l'ame de tous leurs complots.

Les pieces qui prouvoient que j'avois bien réellement payé l'entrepreneur infidele, devoient exister à la trésorerie de M. le duc de Chartres. L'entrepreneur l'ignoroit ; ou se flattoit du moins que, tout étant terminé depuis long-tems entre lui & moi, elles auroient été supprimées comme des papiers de nul usage. Heureusement le Sr. abbé Beaudeau les retrouve. Muni de ces titres victorieux, je me rends chez mes juges : & j'apprends que le Sr. Séguin & ses associés, ne mettant nulle mesure dans leurs calomnies, m'ont accusé auprès d'eux d'avoir volé des millions dans l'affaire des Quinze-Vingts. Je suis donc reçu par mes juges comme un homme qui a volé des millions. On pense bien que je ne pris avec eux, ni le ton, ni l'attitude d'un coupable ; après leur avoir observé combien il étoit odieux de tenir secret, pendant deux ans ; un acte qu'il falloit produire sur le champ, si, en effet, on me croyoit le complice de celui qui l'avoit souscrit ; après avoir fait remarquer qu'on ne le produisoit, dans ce moment, que pour faire diversion à la contestation actuellement pendante au tribunal des économats, & répandre dans ce tribunal une opinion qui me fût défavorable, & dont on pût profiter, pour m'empêcher d'obtenir la justice que j'y réclamois. Je montre mes titres, & je demande moi-même, avec la plus grande instance, qu'il soit fait un examen févere de la conduite de l'entrepreneur & de la mienne.

Tant de fermeté déconcerte mes adversaires ;

on comprend bien vîte qu'au châtelet, comme au bureau des économats, on court quelques risques à engager une contestation sérieuse avec moi ; & depuis on s'est abstenu de toute démarche, m'ayant pour objet dans ces deux tribunaux.

Je dirai tout de suite ici que le Sr. Séguin & ses associés, dans un acte qu'ils ont été forcés de souscrire, ont reconnu que, postérieurement à toutes ces discussions, soit en avances, soit en actions, j'ai bien réellement déposé dans la caisse des Quinze-Vingts, une somme d'environ six cens mille livres ; que dans le même acte ils ont désavoué les démarches qu'ils ont faites auprès des magistrats, pour m'accuser de complicité avec leur entrepreneur infidele ; & que, comme je ne voulois pas que le doute le plus léger pût s'élever sur ma réputation, ils se sont engagés à poursuivre ce même entrepreneur jusqu'au jugement de son procès.

Tandis que je travaillois ainsi à échapper à l'espece de conjuration qu'on avoit formée pour envahir les restes de ma fortune, j'ai dit que je m'occupois en même tems de mes démêlés avec la dame Kornman.

En arrivant à Paris, j'avois trouvé chez moi les scellés apposés, à sa requête, sur tous mes effets, comme chez un débiteur failli & fugitif ; elle avoit usé de la même précaution dans mes domaines, soit à Strasbourg, soit en Alsace ; & mettant à profit mon abscence, ne soupçonnant pas d'ailleurs que je dusse reparoître si promptement au milieu de mes adversaires, elle poursuivoit, avec beaucoup de vivacité, le procès en séparation qu'elle m'avoit intenté au châtelet, & que j'avois fait renvoyer à Strasbourg. Ce procès venoit d'être porté, par appel d'une sentence d'un magistrat de Strasbourg, au conseil souverain de Colmar ; il n'étoit pas question de prononcer sur le fond de la contestation ; mais simplement sur des demandes provisoires, qu'en attendant le jugement du fond, la dame Kornman avoit formées contre moi.

La dame Kornman a depuis succombé dans ses demandes provisoires, & ce mauvais succès l'a déterminée à cesser toute poursuite sur sa demande en séparation.

A cette époque craignant que, soit par elle-même, soit par l'adresse de ses protecteurs, elle ne parvînt à faire illusion à ses juges, je me décide à partir pour Colmar. Là, en même-tems que j'instruisis les principaux membres du conseil souverain de quelques faits qu'il me paroissoit convenable de mettre sous leurs yeux, pour qu'ils pussent prononcer en connoissance de cause ; je m'adresse aux avocats réputés les plus sages, & leur rendant compte des circonstances dans lesquelles je me trouve, je les invite à me donner leur avis sur le parti qu'il me convient de prendre.

Leur avis fut que je n'avois que deux moyens d'échapper à la persécution dont j'étois devenu l'objet ; le premier, une lettre de cachet, qui mît la dame Kornman hors d'état d'abuser de sa liberté ; le second, une plainte en adultere contre la dame Kornman.

Je ne pouvois recourir à une lettre de cachet, parce qu'il auroit fallu pour l'obtenir m'adresser à M. Lenoir, & que l'intimité dans laquelle il vivoit avec la dame Kornman, ne lui auroit pas permis de la demander.

Je me décide donc pour la plainte en adultère ; & j'y vois d'autant moins d'inconvéniens, que j'étois le maître de la poursuivre ou d'y renoncer à mon gré, selon que la dame Kornman persisteroit dans ses désordres, ou reviendroit à ses devoirs.

Je retourne à Paris, dans l'intention de former ma plainte : à peine y suis-je arrivé, que M. Lenoir, je ne sais comment, est instruit de mon dessein, & qu'il me fait prier de passer chez lui ; je m'y rends, non sans beaucoup de répugnance ; j'y trouve la dame Kornman, & on tente auprès de moi la voie de la négociation, pour m'engager à renoncer à mon projet. Quelqu'outragé que je fusse, je ne me montre point inflexible, & soit foiblesse, soit pitié, voulant sauver encore à la dame Kornman le désagrément d'une procédure qui ne pouvoit tourner qu'à sa honte, je laisse entrevoir que je consentirai volontiers à tout arrangement qui portera sur des bases fixes & raisonnables.

Je ne dois pas omettre un fait précieux. Dans le cours de cette conférence, la dame Kornman m'apprend qu'elle sait par M. Lenoir que j'ai répandu mille louis d'or dans les alentours de M. de Maurepas, pour obtenir l'ordre en vertu duquel elle a été détenue chez les dames Douai ; & en ma présence, elle interpelle le magistrat de déclarer, si en effet il ne lui a pas donné cette anecdote pour certaine. On peut juger si M. Lenoir qui, comme on l'a vu, avoit été le premier à me conseiller de demander l'ordre dont il s'agit, qui l'avoit lui-même sollicité auprès des ministres, qui, en un mot, étoit seul le véritable auteur de la détention de la dame Kornman, dut être interdit à une pareille interpellation. Il se tait un moment, puis il affecte de parler d'autre chose pour se dispenser de répondre; je ne voulus pas jouir de son embarras, & j'eus la bonté d'interrompre quelques observations un peu fortes que, dans le premier moment, je n'avois pu m'empêcher de faire au récit d'une calomnie, tout à la fois si imprévue & si peu fondée.

Certainement la dame Kornman est devenue bien coupable; mais, si pour l'engager à fouler aux pieds tous ses devoirs, pour l'aliéner à jamais de son époux & de ses enfans, on a employé des moyens pareils à celui dont je parle ici, il faut la plaindre, & réserver toute son indignation pour les hommes qui n'ont pas rougi de recourir à de tels procédés, afin de l'égarer davantage.

Quoi qu'il en soit, Me. Dufresnoy, procureur de la dame Kornman, rédige les articles d'une convention entre elle & moi. Ces articles se réduisoient à peu près à ceci. Je devois lui payer une pension annuelle, elle devoit se retirer dans sa famille, elle assuroit les deux tiers de sa fortune aux deux enfans qu'elle avoit eus de moi, elle conservoit la liberté de disposer de l'autre tiers en faveur de son troisieme enfant. En y réfléchissant, j'avois pensé qu'il étoit dur d'imputer comme un crime à ce troisieme enfant le vice de sa naissance; que quoique je ne pusse l'avouer, sa mere n'en devoit pas moins conserver pour lui tous les sentimens de la nature, & qu'il étoit convenable qu'elle se réservât quelques moyens d'assurer son sort, & de lui donner des preuves de sa tendresse.

Au moment de la signature, la dame Kornman

rejette la convention ; Me. Dufresnoy ne peut s'empêcher de lui faire remarquer combien, après une conduite aussi condamnable que la sienne, elle se fait tort, en n'acceptant pas les propositions qui lui sont offertes. La dame Kornman persiste dans son refus.

Je menace de nouveau de ma plainte en adultere. On m'arrête par d'autres négociations. L'oncle de la dame Kornman vient à Paris. Il veut à tout prix assoupir une affaire qui ne peut avoir pour sa niece que les suites les plus cruelles. On charge le ministre de la chapelle de Hollande de rédiger un second traité de paix ; les articles de ce traité ressemblent à peu de chose près à ceux de la convention dont je viens de parler. Je les accepte ; on les présente à la Dame Kornman qui, comptant sur le crédit du sieur de Beaumarchais, & sûre de la protection de M. Lenoir, refuse de signer encore.

Peu de tems après, je fus instruit qu'elle est impliquée dans une affaire d'escroquerie de l'espece la plus fâcheuse. On l'accuse d'avoir acheté chez différens marchands beaucoup d'effets pour lesquels elle a donné de fausses lettres de change. J'apprends que ces fausses lettres de change lui ont été rémises par les nommés Brunet, prétendus Banquiers, arrêtés par ordre de la police, & détenus à l'hôtel de la Force. J'apprends qu'un des marchands trompés a rendu plainte contre la dame Kornman, que M. Lenoir a fait de vains efforts pour l'intimider ; je vole chez ce marchand ; je l'appaise ; j'apprends enfin que M. Lenoir, redoutant les conséquences que peut avoir pour la dame Kornman la détention des Brunet, les a fait disparoître & les a soustraits ainsi à la peine qu'ils ont méritée (1).

Quoique les détails de l'affaire dont je parle ici, soient si honteux que je me fais un devoir de les supprimer, je me hâte de le dire, certainement à cette époque la dame Kornman ne s'est pas doutée des dangers qu'elle couroit; elle n'a pas vu combien étoit grave la faute dont elle se rendoit coupable; je la connois imprudente, légere, capable de se précipiter dans les démarches les plus téméraires, les plus fausses, toutes les fois qu'elle s'abandonne à l'impétuosité de son caractere; je sais tout ce que peut une séduction ménagée avec art, sur une femme jeune, sans expérience, ignorant la force des usages imaginés pour maintenir la bonne-foi dans le commerce; je sais comment par foiblesse, par étourderie, par un concours de circonstances dont elle n'aura pas apperçu l'ensemble, il est possible qu'elle devienne criminelle, sans avoir eu l'intention véritable de commettre un crime. Mais qu'on juge de mon effroi! La dame Kornman avoit donc été jettée par les sieurs Daudet & Beaumarchais dans une société assez corrompue, pour se trouver accusée de complicité avec de vils escrocs; on pouvoit donc l'aveugler assez pour en faire l'instrument d'une bassesse, pour l'associer même à des démarches capables d'attirer sur elle les dernieres vengeances des loix. Que M. Lenoir n'eût pas été à la tête de la police, que par son autorité il n'eût pas imposé silence

(1) Ceci est prouvé par les dépositions des dix-septieme, dix-huitieme, dix-neuvieme, vingt-unieme, vingt-troisieme, vingt-quatrieme, vingt-cinquieme & vingt-huitieme témoins.

aux témoins qui s'élevoient contr'elle, j'aurois donc eu la douleur de la voir publiquement impliquée dans une procédure infamante? Eh! qui me répondoit qu'après la retraite de M. Lenoir, si par hasard poursuivant le cours de ses désordres, elle se trouvoit encore dans une circonstance semblable, qui me répondoit que le magistrat qui succéderoit à M. Lenoir, se conduiroit avec autant de zele & d'indulgence? Un époux, un pere pouvoit-il en pareille occasion demeurer indifférent & tranquil'e? N'étoit-il pas tems pour moi d'employer enfin des mesures assez décisives, non plus pour rappeller à ses devoirs une femme qui s'obstinoit à les méconnoître, mais pour l'empêcher au moins de se couvrir, elle, sa famille & ses enfans, d'un opprobre inévitable (1).

Cependant encore, avant que de rien entreprendre, je fais part de ma situation à une personne revêtue d'un caractere respectable & qui m'honoroit de son amitié; il lui paroît, après avoir réfléchi sur la suite nombreuse de faits que je mets sous ses yeux, que M. Lenoir est trop compromis dans cette derniere aventure, & dans toutes celles qui l'ont précédée, pour qu'il ne comprenne pas qu'il a le plus grand intérêt à mettre fin aux désor-

---

(1) On conviendra que cette derniere considération devoit faire une impression terrible sur mon esprit, & que chez une nation telle que la nôtre, où, lorsque la loi prononce une peine infamante contre un coupable, l'opinion fait partager son opprobre à une famille entiere, il ne m'étois plus permis, sans m'exposer moi-même à encourir un jour le blâme universel, de demeurer spectateur indifférent des désordres de la dame Kornman.

dres de la dame Kornman. En conſéquence, cette perſonne veut bien écrire à M. Lenoir une lettre très-preſſante, & l'engager à faire pour moi, ce que la prudence autant que le devoir de ſa place me mettroit en droit d'exiger de lui.

M. Lenoir répond en m'aſſignant un rendez-vous à l'hôtel de la police. Je m'y trouve à l'heure indiquée. M. Lenoir veut prendre avec moi un ton impoſant. Il oſe même ſe permettre de menacer un homme devant lequel il n'avoit qu'à rougir. Etonné d'une maniere d'agir ſi déplacée, pour ne rien dire de plus, & me rappellant à la fois tous les maux qu'il m'a faits, je lui déclare que dans la poſition où je ſuis, aucune puiſſance humaine ne peut me faire trembler, que je ſuis réſolu de m'expoſer aux plus inévitables dangers, pour faire connoître la troupe de bandits dans laquelle je ſuis tombé; que la vie m'eſt peu chere, que je la perdrai ſans regret, ſur-tout ſi je peux le faire connoître lui-même; lui qui, chargé du maintien des mœurs, s'eſt permis en protégeant de la maniere la plus efficace les déſordres d'une femme égarée, de précipiter dans un abyme affreux, un pere irréprochable, & ſa famille innocente & malheureuſe.

Tandis que je parlois, la figure de M. Lenoir s'arrangeoit inſenſiblement pour un autre langage; il a l'air de compatir à mes peines, il me proteſte qu'il a toujours eu pour moi *la plus grande eſtime*, qu'il eſt mon *meilleur ami*, & il me demande ce qu'enfin j'exige de la dame Kornman.

Je réponds que mon *utilmatum* dans cette étrange affaire n'eſt encore à peu près que ce que j'ai exigé dans le principe, c'eſt-à-dire, comme on la l'a vu que la dame Kornman, après avoir assuré à ses enfans les deux tiers de sa fortune, quitte Paris, pour retourner dans sa famille, ou se retire au moins dans un lieu décent, où toute relation avec les hommes qui l'ont perdue ne soit plus à craindre.

M. Lenoir trouve enfin raisonnables ces propositions tant de fois rejettées; il m'assure que si la dame Kornman refuse de les accepter, il ira lui-même avec moi chez M. le baron de Breteuil solliciter un ordre du Roi, pour la faire conduire hors de Paris, dans une retraite convenable.

Il s'agissoit de trouver un négociateur pour traiter avec la dame Kornman; mettant toujours la plus grande franchise dans mes procédés, je ne veux d'autre négociateur que Me. Gomel, conseil à cette époque de la dame Kornman, & je me transporte chez lui pour lui faire part de mes dernieres résolutions. Me. Gomel les approuve, & me dit entr'autres choses, *que coupable de tant de désordres, la dame Kornman sera bienheureuse si elle peut en être quitte à si bon marché.*

Après plusieurs pourparlers, un rendez-vous est assigné à la police, pour tout terminer. Je n'y assiste pas, mais la dame Kornman s'y trouve avec Me. Gomel. La conférence dure long-tems, j'ignore ce qui s'y passe, j'apprends seulement que la dame Kornman a refusé de signer mes propositions.

A quelques jours delà, M. Lenoir me fait dire par Me. Gomel, qu'il faut absolument que je me décide à recevoir la dame Korman dans ma maison, avec son enfant; qu'elle s'y présentera suivie d'un commissaire, & qu'elle y entrera ainsi malgré moi.

Comment, après tout ce qui s'étoit passé, pouvoit-on imaginer que de vaines menaces me feroient consentir à recevoir chez moi, comme échappée des mains des Srs. Daudet & Beaumarchais, une femme accoutumée à la vie la plus licentieuse, existant depuis long-tems parmi des hommes sans morale, & annonçant assez par son obstination à refuser toute espece d'accommodement raisonnable avec moi, qu'elle n'étoit disposée à changer, ni de systême, ni de conduite.

Je réponds en peu de mots à Me. Gomel que si la dame Kornman, obéissant à des conseils infâmes, ose se présenter dans ma maison, je saurai me conduire de maniere à faire repentir elle & ses protecteurs de leur impudence.

Enfin, las de voir qu'aucune considération humaine n'a d'empire sur l'esprit de la dame Kornman & de mes persécuteurs, voulant échapper une fois pour toutes aux horreurs de toute espece qui m'environnent, je rends ma plainte en adultere. Un grand nombre de témoins sont entendus, & tous les faits exposés dans ce Mémoire, qui peuvent être prouvés par témoins, l'adultere, l'escroquerie, la protection décidée de M. Lenoir, la remise de la dame Kornman au Sr. de Beaumarchais, sont prouvés de la maniere la plus évidente.

Je fais remettre l'information à M. le lieutenant-criminel, elle est ensuite renvoyée à M. le procureur du roi, pour qu'il donne ses conclusions.

Je me transporte chez ce magistrat; je lui fais une peinture douloureuse de ma situation. M. le procureur du roi veut m'appaiser. Il m'invite à chercher encore s'il n'y a pas entre mon épouse & moi quelques moyens de conciliation. Je réplique qu'il n'y en a plus, qu'horriblement calomnié, seul, sans appui sur la terre, je me dois à moi-même, & à mes enfans dont le sort m'occupe uniquement, de faire un dernier effort avant que de descendre dans le tombeau, où mes chagrins me conduisent, pour laisser au moins après moi une mémoire honorable, & ne pas mourir avec la réputation honteuse d'un homme qui a mérité ses malheurs. J'ajoute qu'il est de mon devoir d'empêcher que la dame Kornman ne se rende coupable de plus grandes erreurs ; & que toutes les fois que je songe qu'elle est entre les mains d'une troupe de scélérats qu'on peut appeller, à juste titre, l'écume de la nation, je frémis des forfaits dont son imprudence peut la rendre complice. Je finis par lui demander avec instance ses conclusions.

Cependant le parti de la dame Kornman est violemment agité. On me détache Me. Gomel pour m'engager à renoncer à ma plainte.

J'étois horriblement fatigué de la vie orageuse & toujours inquiete que je menois depuis si long-tems. Epuisé par de noirs chagrins, j'envisageois ma fin comme prochaine, & si je périssois, ma fortune étant presque toute entiere dans les mains de mes oppresseurs, je laissois mes enfans à leur merci. D'ailleurs je l'avoue, c'étoit à regret, c'étoit entraîné par une nécessité insurmontable, & en étouffant tous les sentimens de mon cœur, que je m'étois déterminé à rendre plainte contre mon épouse : livré aux plus cruelles perplexités, n'ayant plus assez de forces pour me démêler du cahos d'intrigues dans lequel on m'avoit plongé ; il étoit donc tout naturel que je désirasse encore qu'il existât pour moi un moyen d'en sortir.

Ainsi, je ne sus pas résister assez aux efforts que fit Me. Gomel, pour m'inviter non plus précisément à renoncer à mes démarches, mais simplement à en suspendre les effets ; il me prouve, & il n'a pas beaucoup de peine à me prouver, que M. Lenoir impliqué de toute maniere dans ma procédure, a le plus grand intérêt à ce que je garde le silence. En conséquence, il me demande de sa part avec les plus vives instances quelle satisfaction j'exige après tant d'outrages ; & me parlant en apparence avec une franchise qui me séduit, il me conjure de déterminer un plan qui, embrassant à la fois mes divers intérêts, puisse mettre fin à toutes les contestations qui m'ont été suscitées.

Après quelques jours de réflexion je rédige un plan, dont il me paroît inutile d'exposer ici les détails. Il suffit qu'on sache qu'il étoit relatif à l'entreprise des Quinze-Vingts, & qu'au moyen de quelques arrangemens que je proposois de prendre avec le trésor royal, arrangemens qui me paroissoient aussi avantageux au gouvernement dans les circonstances où il se trouvoit qu'aux intéressés dans l'entreprise, j'assurois à mes enfans les six cens mille livres dont j'ai ci-devant parlé.

En même-tems que je proposai ce plan, je déclarai qu'il falloit absolument que la dame Kornman acceptât toutes les conditions du traité qu'elle avoit jusques-là refusé de souscrire, conditions au reste qui, après ce qui venoit de lui arriver, n'avoient pour objet que de prévenir les fautes graves auxquelles la malheureuse facilité de son caractere & l'habitude de vivre parmi des hommes corrompus pouvoient l'entraîner. Si elle ocnſentoit à ce que j'exigeois d'elle, j'offrois de payer ſes dettes, qui ſe montoient, je crois, alors à la ſomme de cinquante mille livres.

Ce n'eſt pas tout ; j'avois été horriblement calomnié, & de toute part ; grâce aux intrigues du Sr. de Beaumarchais, & aux démarches de mon épouſe, le bruit public s'élevoit contre moi. Si je conſentois à me taire, je ne voulois pas que mon honneur fût en ſouffrance. D'après cette idée, je demandai que M. Lenoir, uſant de tout ſon crédit auprès de M. de Calonne, m'obtînt une commiſſion honorable, ſoit dans le Nord, ſoit dans l'Inde, qui atteſtât de la part du gouvernement l'opinion qu'il falloit avoir de moi, & ne voulant pas qu'on pût penſer que j'échangeois ma réputation contre de l'argent, je m'engageois à exercer cette commiſſion à mes frais.

Au moyen de ce qu'on m'auroit ſatisfait ſur toutes ces choſes, je promettois de renoncer à ma plainte, & d'anéantir ma procédure.

Me. Gomel ſe rend chez M. Lenoir, & lui fait part de mes propoſitions ; vingt-quatre heures après, il m'annonce avec un air de ſatisfaction qu'un heureux haſard veut que M. Lenoir ſoit à la tête d'une commiſſion du conſeil qui le met dans le cas de me ſervir avec ſuccès & qu'il n'y a pas de doute que je n'obtienne par ſon entremiſe tout ce que je déſire.

On eſt ſans doute tenté de croire que je touche à la fin de mes peines ; des négociations ſont en effet entamées & ſuivies pendant huit mois ſur le projet que j'avois préſenté. Pluſieurs fois, on m'annonce durant le cours de ces huit mois, que es négociations vont ſe terminer au gré de mes souhaits, & dans ces momens critiques, Me. Gomel, cherchant à surprendre ma crédulité, veut m'engager à brûler ma procédure, afin de donner par-là, disoit-il, une marque de confiance à M. Lenoir, qui le déterminât à s'occuper plus vivement de mes intérêts. J'avois été trop souvent trompé, & un pareil langage étoit peu propre à me séduire. Je résistai donc opiniâtrement, décidé à ne rien accorder, qu'on n'eût auparavant effectué les promesses qu'on m'avoit faites.

Au bout de ces huit mois, on se lasse de me tendre des pieges inutiles, on rejette mon projet, on m'annonce que mon affaire est manquée, & je suis éconduit avec une humeur d'autant plus fâcheuse, que quelque ruse qu'on ait employée, on n'a pu parvenir à obtenir de moi l'anéantissement de cette procédure fatale qu'on avoit un si grand intérêt de supprimer.

Enfin, le moment de la catastrophe arrive. Il étoit donc bien décidé que, quoique je puisse faire, je ne parviendrois jamais par la voie d'un accommodement raisonnable, ni à terminer mes différends avec la dame Kornman, ni à recouvrer pour mes enfans ma fortune injustement envahie. Je n'avois donc plus d'espoir que dans la justice des tribunaux, & après avoir éprouvé si souvent la mauvaise foi de mes adversaires, il ne m'étoit que trop démontré que, pour échapper à leurs complots, la loi étoit la seule puissance à laquelle désormais que je dusse recourir.

Mais si je parlois, n'étois-je pas trop redoutable, & que pouvoit-on opposer au récit accablant de mes infortunes ?

Il y avoit long-tems que je vivois seul, absolument seul. Mes amis pour la plupart m'avoient délaissé, & je fuyois le petit nombre de ceux qui m'étoient demeurés fideles. On s'intéresse au malheur qui commence, parce qu'il s'y mêle toujours quelque espoir de le voir finir; mais lorsque le malheur est opiniâtre, lorsqu'il se prolonge sur une longue suite d'années, comme alors il ressemble en quelque sorte au destin qu'on nous peint inflexible & qu'il est inutile de combattre, la pitié qu'il inspire n'est plus qu'un sentiment pénible qu'on redoute d'éprouver. D'après cette idée puisée, je crois, dans la connoissance du cœur humain, je n'avois pas blâmé ceux de mes amis qui m'avoient abandonné; & quant aux autres, persuadé que je ne pouvois leur apporter qu'une tristesse importune, je m'étois éloigné d'eux, pour ne pas leur offrir le spectacle accablant de douleur qui n'admettoit plus ni consolation, ni remede.

Ainsi, je vivois seul. Dans cet isolement funeste, le pire de tous les états auxquel un homme puisse parvenir, je n'avois d'autre occupation que de surveiller l'éducation de mes enfans. En attendant que je pusse m'éloigner pour jamais d'une ville qui n'entretenoit en moi que des souvenirs désolans, je me livrois sans réserve à la tâche précieuse que je m'étois imposée, & je ne me permettois d'autres distractions que quelques promenades dans des lieux écartés, où je pouvois donner un libre cours à ma mélancolie.

Ma maison est située dans un quartier peu fréquenté (1). Un soir (c'étoit quelques jours après qu'on m'avoit définitivement annoncé que je ne

(1) Dans la rue Carême-prenant.

devois plus ſonger au projet dont je viens de parler) je m'étois promené plus tard qu'à l'ordinaire, & je retournois chez moi plongé dans des réflexions qui m'abſorboient tout entier. A l'inſtant où je touche le ſeuil de ma porte, & où je ſuis prêt à frapper pour me faire ouvrir, un homme s'offre tout-à-coup à moi, enveloppé d'un manteau & couvert d'un chapeau rabattu ; il me ſaiſit à la gorge, & m'appuye un piſtolet ſur le front, qu'il tire à bout portant. Sans doute la providence m'a réſervé pour être un inſtrument de juſtice & de vengeance contre les hommes pervers dont j'ai été ſi long-tems la victime. Je portois un chapeau anglois d'une forme très-élevée. L'aſſaſſin trompé par hauteur de la forme, ajuſte mal ſon coup ; mon chapeau eſt percé de part en part ; étourdi par l'exploſion de la poudre, & d'ailleurs foible & ſouffrant, je tombe à peu près ſans connoiſſance ſur un banc de pierre qui eſt à l'entrée de ma maiſon. L'aſſaſſin fuit ; je fais un effort, je frappe, mon domeſtique arrive, & je lui dis : *je viens d'être aſſaſſiné*, & m'appuyant ſur ſon bras, je monte dans ma chambre, où me laiſſant aller ſur un fauteuil ; je perds tout ſentiment.

La perſonne qui, aux eaux de Spa, m'avoit garanti des effets du déſeſpoir auquel à cette époque on m'a vu livré, logeoit chez moi depuis huit jours, & ſe diſpoſoit à en partir pour ſe rendre dans ſa famille. Mon domeſtique effrayé monte dans ſa chambre ; il l'avertit de ce qui vient de ſe paſſer. Elle avoit entendu le coup de piſtolet, & dans le premier moment elle avoit crû qu'il avoit [illegible] dans ſes fenêtres. Elle deſcend, me donne les ſecours que mon état exige, & m'ayant rappellé de mon évanouissement, elle m'invite à me mettre au lit, renvoyant au lendemain à s'occuper du parti qu'il convenoit de prendre, dans une circonstance si terrible.

On imagine bien que je ne dormis pas. Toute la nuit ma tête fut battue d'idées pénibles & de songes effrayans; je voyois comme des furies menaçantes tous ces hommes qui depuis tant d'années se relayoient pour ma ruine; je ne comptois d'ennemis que parmi ces hommes implacables. Mais sur qui faire tomber mes soupçons? Qui avoit porté ou dirigé le coup dont l'explosion fatale retentissoit encore à mon oreille? Contre qui falloit-il implorer la vengeance des loix? Après avoir combattu des calomniateurs, j'avois donc aussi des assassins à combattre; & quels assassins! Ainsi jamais de repos, ainsi n'exister toujours que pour se défier, pour craindre, tantôt pour sa liberté, tantôt pour sa réputation, tantôt pour sa vie; ainsi, après d'horribles tourmens prolongés pendant plus de cinq années, des tourmens plus horribles encore; & des inquiétudes plus vives succédant sans cesse à des vives inquiétudes; il est impossible d'exprimer tout ce que je souffris dans cette nuit affreuse; je m'agitois sur un lit de serpens, & il me sembloit que je ne pouvois faire un mouvement sans ressentir une morsure.

Le lendemain, la personne dont je parle, & qui depuis n'a pas voulu m'abandonner, envoye chercher un commissaire & fait verbaliser sur mon assassinat. Mon chapeau le même jour, percé en deux endroits par la balle qui l'avoit traversé, est déposé au greffe criminel.

Je vais ensuite chez M. le lieutenant-criminel,

M. le lieutenant de police & M. le procureur du roi, & je leurs rends compte de ma fatale aventure. Ces trois magistrats n'y voyent pas un crime ordinaire, & conviennent avec moi qu'un pareil assassinat ne peut être que le résultat d'une vengeance préméditée.

Des ordres sont donnés en conséquence de la part de M. le lieutenant de police pour qu'on veille à ma sûreté & qu'on travaille à découvrir l'auteur du crime.

Ces ordres, il faut le dire, n'ont point été exécutés (1). Etonné de l'inaction dans laquelle on reste après un attentat si grave, je cherche à en deviner la cause, & j'apprends que tous les bureaux de la police encore infectés de l'esprit de M. Lenoir, retentissent de calomnies contre moi, & qu'on affecte de m'y faire passer pour un homme dont les malheurs ont égaré la raison.

Il y a plus, je suis ménacé en secret d'être enfermé dans une prison d'Etat, si j'ose élever la voix contre mes oppresseurs.

J'étois donc une tête dévouée. Dans une position si cruelle, l'indignation me rend tout mon courage, & je trouve dans les conseils de la personne qui s'étoit fait un devoir de s'associer à mon infortune, toute la prudence dont j'ai besoin pour agir. Je ne l'ai pas dit expressément, mais

(1) Je croirois manquer à la vérité, si je ne disois ici, que M. de Crosne dans les différentes circonstances où je me suis adressé à lui, m'a toujours accueilli avec tout l'intérêt que ma situation devoit lui inspirer ; mais il ne pouvoit disposer de la volonté de toutes les personnes attachées à son administration, & avec les préjugés qui subsistoient contre moi dans les bureaux de la police. Il étoit difficile que les ordres qu'il donnoit fussent exécutés.

on a dû entrevoir que, jusqu'à l'époque de mon assassinat, forcé, par la nécessité des circonstances, de m'occuper de tous mes intérêts en même tems, si, d'un côté je faisois quelque effort pour réclamer mon bien, on ne manquoit pas de me distraire de mon objet par des négociations, ou des querelles avec la dame Kornman ; si, d'un autre côté, je voulois mettre fin aux désordres de la dame Kornman, & dissiper les calomnies dont elle étoit l'occasion, on ne manquoit pas de m'effrayer, en me menaçant de consommer ma ruine. Au moyen de cette double manœuvre, employée sur-tout par M. Lenoir, il avoit toujours été facile d'embarrasser mes démarches, & de me réduire au silence.

J'adopte, d'après l'expérience du passé, une marche différente. Pour ne pas éveiller à-la-fois toutes les haines, je parois perdre de vue, pendant quelque tems, la dame Kornman ; & je ne m'occupe d'abord que de recouvrer les restes de ma fortune pour mes enfans.

En conséquence, j'adresse au Roi, par le ministere de M. l'évêque de Metz, qui venoit de succéder à M. le Cardinal, dans la place de grand aumônier de France, un mémoire où je développe le projet dont j'ai parlé plus haut. Le Roi daigne lire & faire examiner mon mémoire. Le projet qu'il renferme, est trouvé avantageux pour le trésor royal ; Sa Majesté l'accueille ; &, en huit jours, j'obtiens ce qu'après huit mois de négociations, M. Lenoir avoit jugé à propos de rejetter.

En même tems, j'ai recours au bureau des économats. Le Sr. Séguin & ses associés avoient bien reconnu que j'avois déposé dans la caisse de leur société, une somme d'environ six cens mille livres; mais ils différoient toujours de me rendre leur compte. Je présente une requête au bureau, pour faire ordonner que ce compte soit enfin rendu, & que le Sr. Séguin & ses associés ne disposent pas à leur gré des revenus de l'entreprise des Quinze-vingts; ma requête est admise.

En même tems encore, je poursuis au châtelet la condamnation de cet entrepreneur infidelle, auquel on avoit fait souscrire une fausse déclaration contre moi. Le Sr. Séguin & ses associés s'étoient, comme on l'a vu, spécialement chargés de cette poursuite; mais, complices de l'entrepreneur dans sa déclaration, ils avoient négligé de s'en occuper. Je me mets à leur place; &, malgré les efforts qu'ils font pour m'empêcher d'agir, je demande instamment & j'obtiens que le châtelet continue la procédure commencée contre l'entrepreneur jusqu'à sentence définitive.

Cinq mois environ s'écoulent dans ces diverses occupations. Durant ces cinq mois ma personne est toujours menacée; on m'avertit de toute part, & souvent par des voies annonymes, de me tenir sur mes gardes. Je prends, pour ma sûreté, toutes les précautions que la prudence me suggere; j'évite de me promener dans des lieux écartés; je ne sors de ma maison, qu'autant que la nécessité de mes affaires l'exige; & j'ai soin d'y rentrer toujours avant la nuit.

Enfin, ayant fait tout ce qui étoit nécessaire pour conserver ma fortune à mes enfans, je suis revenu à la dame Kornman. On sent bien qu'il ne pouvoit plus être question, entr'elle & moi, d'un traité de paix. La vie m'est peu chere aujourd'hui. Qu'on me la laiſſe ſeulement juſqu'à ce que j'aie aſſuré le ſort de ma famille naiſſante, & pourvu, d'une maniere efficace, à ce qu'après ma mort, elle ne tombe pas au moins en des mains intéreſſées à ſa ruine.

Or, indépendamment de ce qui s'étoit déja paſſé & de l'inutilité de mes efforts, pour rappeller la dame Kornman à un genre de vie honnête & raiſonnable, il m'étoit bien démontré que ma perte importoit à quelques-uns de mes perſécuteurs ; & qui m'aſſuroit que, tandis que de nouvelles négociations s'ouvriroient entre la dame Kornman & moi, s'il arrivoit que je me montraſſe trop difficile, un aſſaſſin ne ſe trouveroit pas encore pour les affranchir de la crainte que je leur inſpire ? Je vivois dans une obſcurité profonde ; &, d'après l'opinion répandue contre moi dans les bureaux de la police, ſi je périſſois ſous les coups d'un aſſaſſin, qui empêchoit de dire que, dans un accès de déſeſpoir, j'avois moi-même attenté à mes jours ? Alors, que devenoient mes enfans & leur mere, qu'aucun tribunal n'avoit déclarée coupable, ayant inconteſtablement le droit de les recueillir chez elle ? A quelle deſtinée pour la ſuite étoient-ils réſervés ?

Par attachement, par pitié, par devoir pour mes enfans, unique intérêt qui me reſte, il a donc fallu, plus que jamais, recourir à l'autorité des loix, pour mettre fin aux déſordres de la dame Kornman. Ce n'étoit qu'en me plaçant avec éclat, comme je le fais maintenant, ſous leur ſauvegarde puiſſante, en m'environnant, d'une maniere ſoudaine, de l'opinion publique, en me donnant, pour quelques inſtans, une exiſtance remarquée, que je pouvois me garantir de la mort toujours présente à mes yeux, au moins jusqu'à ce que la tâche que je me suis imposée soit remplie.

Cette tâche est une obligation sacrée, à laquelle ma qualité de pere ne me permet pas de me soustraire. J'ai donc dû parler enfin, & révéler des secrets affreux que j'aurois voulu toujours étouffer dans mon cœur; malheureux de ce qu'après tant de sacrifices, pour rappeller à elle-même une femme que j'ai si long-tems aimée, je ne suis pas placé dans des circonstances où je puisse encore dissimuler ses fautes, & pleurer en secret ses erreurs

RÉFLEXIONS.

Mon récit est achevé. En réfléchissant sur les faits dont je viens de rendre compte, en considérant cette suite d'attentats qui composent ma déplorable histoire, ces calomnies atroces, ces délations odieuses, cette complicité constante de l'autorité qui devoit me protéger, avec la méchanceté qui a consommé ma ruine, il n'est personne sans doute qui, frémissant à-la fois d'indignation & de pitié, ne sollicite pour moi, dans son cœur, la justice éclatante que je réclame.

Mais dans les circonstances difficiles où je suis placé, tous les ressentimens ne me sont pas permis.

Pour mon malheur, je compte, parmi tant de coupables, la mere de mes enfans; & quel est l'homme honnête qui, à l'instant, où, par la fatalité des événemens, il se voit contraint d'environner son épouse de la honte d'une procédure criminelle, peut s'abandonner à toute la vengeance, & ne pas ſentir, même en accuſant le deſir ſi naturel de pardonner encore ?

Qu'on me laiſſe donc uſer de la triſte liberté de ſéparer la dame Kornman de cette foule d'hommes pervers qui ont égaré ſa raiſon. Qu'il me ſoit permis de caractériſer les crimes ; & en n'imputant qu'à leurs véritables auteurs les conſéquences funeſtes qu'ils ont eues pour moi, qu'on ſouffre que je détourne un peu, d'une femme qui me fut ſi chere, les coups de cette juſtice rigoureuſe, qu'il me faut néanmoins implorer.

J'ai conſulté les uſages des peuples, les loix anciennes & modernes, la juriſprudence le plus généralement adoptée ; & j'ai vu que, ſi j'écoutois les uſages, les loix & la juriſprudence, il me faudroit mettre au rang des attentats les plus graves, le délit que j'impute à mon épouſe, cette infidélité dont elle s'eſt rendue coupable, & qui a été la ſource funeſte de tant d'égaremens & de malheurs ; j'ai vu que, pour me ſouſtraire au ſyſtême de perſécution dont elle m'a rendu l'objet, je ne pouvois m'appuyer ſur ces autorités d'ailleurs ſi reſpectables : ſans l'expoſer à des peines, ſelon moi, trop ſeveres.

J'ai conſulté l'opinion & j'ai vu que, ſi j'écoutois l'opinion, ce même délit, conſidéré indépendamment de tant d'événemens déſaſtreux qui en ont été la ſuite, n'eſt plus regardé dans nos mœurs, comme une prévarication bien odieuſe ; & que l'époux outragé, qui, en pareille circonſtance, demande que la loi puniſſe, excite ſouvent moins de pitié que de haine.

Si je n'avois eu égard qu'à l'opinion, je devois

donc garder le silence ; & cependant il m'a fallu parler : si je n'avois invoqué que la loi, je devois donc craindre de rompre le silence ; & cependant on voit bien qu'il ma fallu parler.

Alors il m'a paru que je n'appartenois pas à une circonstance ordinaire, & qu'on souffriroit, avec quelque indulgence, que j'allasse chercher dans la nature toute seule, les principes qui me sont nécessaires pour m'élever au dessus de l'opinion, qui me laisse sans défenses, & modérer l'action de la loi qui, en punissant mon épouse, me vengeroit peut-être avec trop d'énergie.

Je crois que la discussion, dans laquelle il me faut entrer ici, importe à tous les hommes. Que du moins tout ce que j'ai souffert leur profite, & que mon infortune les porte à réfléchir avec moi sur le malheur ou le vice de quelques-uns des prejugés qui les tiennent asservis.

J'ai besoin de prouver, contre nos opinions actuelles, & en rassemblant tous les élémens avec lesquels la nature constitue l'ordre domestique & social, le systême de nos mœurs & de nos loix, que l'adultere est, de tous les délits, celui dont les conséquences sont les plus funestes & le plus ordinairement irreparables.

J'ai besoin de prouver contre un usage trop généralement adopté, qu'il ne faut pas toujours considérer ce délit de la même maniere ; & que la loi doit se laisser fléchir plus ou moins, suivant la nature des circonstances qui l'accompagnent.

Les réflexions que je présente ici, ne sont qu'en partie mon ouvrage. Je les dois spécialement à l'homme l'homme qui s'est fait un devoir de s'associer à mon infortune ; considérant les divers mouvemens, dont je me sens agité au milieu de tous les intérêts qu'il me faut ou ménager ou combattre, nulle part il n'a vu de route tracée pour moi ; & il s'est frayé celle dans laquelle je vais le suivre. Je ne sais si je me trompe ; mais il me semble qu'on ne remarquera rien, dans l'exposition de ces principes que la raison la plus exacte & la plus indulgente en même tems ne puisse adopter. Je prie qu'on lise avec quelque attention.

» Je ne crois pas qu'il soit nécessaire d'entrer dans beaucoup de détail, pour établir que l'homme est né pour la société, & que la famille, sans laquelle il n'y a pas de société, résulte comme elle des premieres & des plus incontestables loix de la nature. Quoi qu'ait pu dire l'auteur d'Emile, & les écrivains qui, égarés par son éloquence & son génie, ont adopté ; sans examen, ses maximes, il me semble qu'il suffit d'un petit nombre de réflexions bien simples, sur la maniere dont se développent & se perfectionnent les facultés dont l'homme est pourvu, sur l'espece de besoins auxquels il est assujetti, pour se convaincre que, de tous les êtres qui vivent sur la surface de la terre, il n'en est aucun qui soit appellé à l'état de famille & de société, d'une maniere plus constante, plus impérieuse & plus déterminée que lui. «

» Certainement, si la nature avoit voulu que l'homme vécût isolé, elle l'auroit fait naître indépendant de toutes relations permanentes avec ses semblables ; elle n'auroit pas prolongé, pour son espece, plus que pour aucune autre, la nécessité de ces relations; elle ne l'auroit pas assujetti à une longue enfance, à une vieillesse souvent aussi longue que son enfance; elle ne lui auroit pas donné, dans ces deux périodes de la vie, plus de besoins qu'il n'en peut satisfaire; & ses forces, toujours en proportion avec les obstacles qui nuisent ou qui s'opposent à la conservation de son être, ne le contraindroient, en aucun instant de sa durée, à recourir aux forces d'autrui, pour se procurer le bien qu'il recherche, ou éviter le mal dont il lui importe de se garantir «.

» Certainement encore, si la nature avoit voulu que l'homme vécût isolé, elle ne lui auroit pas donné des facultés qui ne sont relatives qu'à l'état social; cette intelligence, par exemple, qui ne se développe qu'autant que sa sensibilité s'étend; cette sensibilité qui ne s'étend que pour l'attacher à tout ce qui l'environne; cette tendance à se perfectionner sans cesse, qui le distingue essentiellement de tous les êtres qui se meuvent avec lui sur la terre; & qu'il ne peut exercer, qu'autant qu'il vit parmi des êtres de son espece, & qu'il leur est uni par des habitudes durables. Oseroit-on soutenir sérieusement que ce sont-là des qualités, destinées à demeurer en lui absolument stériles, & dont la capricieuse volonté de son auteur ne l'auroit doué, qu'à condition qu'il n'en feroit aucun usage « ?

» Et puis, tandis que toutes les autres especes ne croissent, ne se conservent, ne se multiplient qu'en obéissant à la loi qui les régit; tandis que les individus, qui composent ces especes, pénissent, si quelque accident les soustrait à l'empire de cette loi, pourquoi l'espece humaine toute seule, en agissant d'une façon contraire à la loi qui la constitue, auroit-elle le pouvoir singulier de croître, de se conserver, de se multiplier sur la terre ? Elle seroit née pour la solitude, l'isolement ; la loi de son développement l'y appelleroit, l'y contraindroit même ; & nulle part cependant elle ne seroit isolée, solitaire ; & par-tout, & sous l'influence de tous les climats, on la trouveroit assemblée en familles ; existante sous des formes sociales : quelle étrange créature seroit-ce donc que l'homme ? Dans un monde gouverné par d'immuables loix, où tout a sa regle & sa mesure, comment admettre un être qui ne croîtroit, qui n'agiroit que par un mouvement contraire à celui de son organisation ; & quelle opinion, je le demande, faudroit-il se former de l'intelligence souveraine qui auroit formé cet être inconcevable «.

» Ainsi, je pense qu'on peut regarder comme démontré, que l'union des hommes en familles & en société, résulte évidemment des premieres loix de la nature ».

» Cela posé, il me semble que j'aurois prouvé que le mariage, ou l'union permanente de l'homme & de la femme, est également une institution naturelle, si j'établis qu'il n'y a ni société, ni famille, sans cette union permanente, & que l'existence de la société & de la famille n'est rigoureusement possible qu'avec cette union «.

» J'ai besoin d'insister sur cette vérité, trop combattue de nos jours «.

» Admettez, pour un instant, une dissolution

fréquente & facile de la ſociété conjugale ; ſuppoſez que l'homme & la femme, comme la plupart des animaux qui vivent avec eux ſur la ſurface de la terre, ne ſoient appellés qu'à des unions fortuites & paſſageres, je vous le demande, que réſultera-t-il d'une pareille hypotheſe ? Un beſoin impérieux entraîne un ſexe vers l'autre ; ce beſoin ſatisfait, l'homme & la femme ſe ſéparent ; la femme devient mere ; &, au terme fixé par la loi de ſon organiſation, elle met au monde l'enfant qu'elle porte. Je veux qu'elle reſte auprès de ſon enfant, tant qu'elle pourra le nourrir de ſon lait ; mais l'eſpace de tems, où la nature lui fournit cet aliment ſalutaire, eſt court ; & à peine une année ſe ſera-t-elle écoulée, qu'obéiſſant de nouveau à la voix du beſoin, il faudra bien qu'elle l'abandonne, pour devenir mere encore. Seul alors, & le plus délaiſſé de tous les êtres, ne connoiſſant pas le pere auquel il doit le jour, ne l'ayant point à côté de lui, pour protéger ſa foibleſſe, que va-t-il devenir ? Et comment, dans un pareil ſyſtême, avec un pere & une mere qu'aucune relation permanente n'unit entr'eux, arrangerez-vous cet ordre domeſtique & ſocial, dont vous venez d'appercevoir la néceſſité pour le développement de notre eſpece » ?

» Enſuite, quand l'homme arrive au dernier terme, où trouverez-vous parmi ſes ſemblables, ceux qui doivent pourvoir à ſes beſoins ? Vous ne me conteſterez pas, je crois, que la vieilleſſe, comme l'enfance, eſt dans la nature, puiſqu'enfin nous vieilliſſons ; eh bien, avec toutes ces unions inſtantanées qui ne laiſſent après elles aucune habitude, aucun souvenir, comment amenerez-vous sur les confins de la vie, autour de l'homme infirme & solitaire, les enfans dont il a besoin pour veiller sur ses derniers jours » ?

« Parcourez les diverses périodes de la vie humaine, & ne cherchez jamais, que dans le système de nos besoins, les loix auxquelles nous sommes assujettis. Suivez l'homme dans tous les âges; enfant, il est & demeure long tems le plus dénué & le plus foible de tous les êtres; parvenu à sa quinzieme année, à peine peut-il pourvoir seul à sa subsistance; à peine sur-tout ses forces sont-elles assez développées, pour le soustraire aux dangers de toute espece qui l'environnent. Jusqu'à cette époque de sa durée, il faut donc, si vous admettez que la nature veille la perpétuité de ses ouvrages, que le pere & la mere auxquels il doit le jour, demeurent auprès de lui pour le nourrir & le défendre; il faut donc, pendant quinze ans au moins, qu'ils ne se séparent plus, & qu'une même habitation les réunisse; s'ils vivent sous le même toit, d'autres enfans surviendront sans doute, qui leur demanderont les mêmes soins que le premier. Voilà donc à peu-près vingt années de leur vie employées à la conservation de leur commune famille. Maintenant, à quel âge une femme devient-elle mere sans inconvénient? Laissons nos usages meurtriers, & toutes ces unions précoces, si multipliées aujourd'hui; aujourd'hui que ce ne sont plus les rapports d'organisation, de caractere & de volonté, mais des froides & tristes convenances qui déterminent la plupart de nos mariages. Certainement une femme ne doit être mere, que lorsqu'elle n'a plus de forces à acquérir, lorsque le développement de toutes les facultés physiques est absolument achevé, c'est-à-dire, à-peu-près vers sa vingtieme année. Or, mettez à côté des vingt premieres années de sa vie, les vingt autres années qu'il lui faut sacrifier aux soins qu'exigent d'elle ses enfans, & déja la voilà parvenue au terme où la faculté de perpétuer son espece n'existe plus pour elle; déja se sont écoulés les deux tiers de sa vie; & la vieillesse approche avec ses infirmités plus ou moins importunes. Or, je le demande; est-ce à l'époque de la vieillesse, & quand des besoins nombreux vont l'assaillir, quand elle n'a plus en elle de ressources pour former d'autres habitudes, qu'elle brisera les liens qui l'unissent à l'homme qu'elle s'est choisi, qu'elle s'éloignera de ses enfans? Qu'a-t-elle à faire alors? que de finir au sein des affections domestiques & douces qu'elle a cultivées autour d'elle? Qu'a de mieux à faire aussi l'homme auprès duquel elle a vécu si long-tems? On vient de le voir. Ils ne devoient pas se séparer sans manquer à la loi de leur espece, tant que leurs soins communs étoient nécessaires à la conservation de leurs enfans; & ils se sépareroient, quand leur tâche est remplie, quand leurs forces déclinent? & d'autres individus qui ne les connoissent pas, qu'aucun rapport de bienveillance du moins ne rapproche d'eux, se chargeroient du soin de les recueillir dans leur abandon, & de les environner, sur la fin de leur carriere, de tous les secours dont ils ont besoin pour la terminer sans amertume? Non, quelle que soit encore sur ce point l'opinion de l'auteur d'Émile, l'union permanente de l'homme & de la femme n'eſt point l'ouvrage de nos loix poſitives; c'eſt la nature elle-même qui l'a commandée; & ſans cette union, l'état de famille, & tous les rapports conſervateurs qui en réſultent, demeurent impoſſibles ».

» Ainſi, l'état de famille & de ſociété réſulte évidemment pour l'homme, des premieres loix de la nature; & il n'y a ni famille, ni ſociété, ſi l'homme & la femme ne ſont appellés à s'unir entr'eux d'une maniere permanente. C'eſt donc en derniere analyſe ſur la perpétuité des mariages, ou ſur l'union permanente de l'homme & de la femme, que repoſe tout l'édifice de la ſociété humaine, quelle que ſoit d'ailleurs la diverſité des moyens imaginés pour le maintenir ».

« Pourſuivons; après avoir parlé de l'ordre phyſique des relations qui conſtitue la ſociété, arrêtons-nous un inſtant ſur l'ordre moral, auquel dans cette même ſociété nous nous ſommes aſſujettis. »

» On appelle mœurs, en général, cet aſſemblage d'affections, d'habitudes, de préjugés, d'après leſquels ſe détermine la maniere d'être d'un peuple ou d'un individu. Je crois que je n'ai pas beſoin de prouver que les mœurs naiſſent de nos rapports avec nos ſemblables, & que c'eſt de la diverſe ordonnance de nos rapports que réſulte la variété de nos affections, de nos habitudes & de nos préjugés ».

» Les mœurs ne ſont jamais indifférentes; c'eſt-à-dire (& il me ſemble encore qu'il eſt inutile d'inſiſter ſur cette vérité) qu'il n'eſt pas indifférent, pour le bonheur de l'eſpece ou de l'individu, que l'homme ſoit dominé par telle ou telle affection, tel ou tel préjugé, telle ou telle habitude. »

« Les mœurs sont donc toujours ou bonnes ou mauvaises. »

« Or, s'il est vrai, comme je viens de le dire, que les hommes sont appellés à vivre en société, il est évident que les mœurs ne seront bonnes, qu'autant que les habitudes, les affections, les préjugés dont elles se composent, tendront à rendre leur union plus étroite. Il est évident que les mœurs seront mauvaises, toutes les fois que ces préjugés, ces affections, ces habitudes, détournées de leurs véritables objets, tendront à opérer, entre les hommes, un isolement funeste ».

S'il est vrai, comme je viens de le dire, que l'état de société résulte pour l'homme de l'état de famille, il est évident que les mœurs ne seront bonnes qu'autant, si je peux me servir de ce terme, que toutes les fibres morales qui doivent unir les membres d'une même famille, toutes les relations de bienveillance qui doivent maintenir la paix & la confiance au milieu d'eux, subsisteront avec énergie. Il est évident que les mœurs seront mauvaises, toutes les fois que ces fibres morales seront, ou brisées, ou sans vigueur, & que ces relations de bienveillance n'existeront pas ».

» S'il est vrai, comme je viens de le démontrer, qu'on ne peut concevoir l'état de famille, en l'union permanente de l'homme & de la femme, il est évident encore que les mœurs ne seront bonnes, qu'autant que cette union sera intime; c'est-à-dire, qu'autant que se maintiendront ; entre l'homme & la femme, les habitudes qui peuvent leur en faire chérir la durée ; il est évident que les mœurs seront mauvaises, s'ils ne vivent, l'un à côté de l'autre, qu'avec indifférence, s'ils marchent ensemble dans la même carriere, portant le même joug, & non pas entraînés doucement par la même destinée ».

» La nature observe, dans le développement des mœurs, le même ordre que dans le développement de nos rapports ; c'est du plus nécessaire de nos rapports, de la plus puissante de nos affections, que les mœurs reçoivent leur premiere impulsion, leur premiere vie. C'est au sein de l'amour heureux & tranquille, que leur germe se pénetre d'une chaleur active. C'est-là que, semblable à l'arbre qui ne s'éleve dans les airs que pour déployer une ombre bienfaisante sur le sol qui le nourrit, le germe des mœurs croît & se développe ; d'abord, couvrant de ses influences les plus douces, comme d'une ombre voluptueuse & paisible, l'épouse tendre, & l'époux fidele ; bientôt rassemblant, sous cette ombre hospitaliere, une famille innocente & chérie ; ensuite, & lorsqu'il se déploye davantage, réunissant, sous ses nombreux rameaux, tous les habitans d'une même contrée ; & les rapprochant par un attrait irrésistible, pour n'en former qu'un peuple de frere «.

» Ainsi croissent & s'étendent les mœurs ; on les détruira donc infailliblement, toutes les fois qu'on les attaquera dans le foyer où leur premier développement s'opere, toutes les fois qu'on appellera l'indifférence, la discorde & la haine où l'amour seul doit régner. Alors on les verra se flétrir dans leur germe, & ce peuple de freres,

& cette famille innocente & chérie, & tous les charmes d'une vie qui s'écoule dans l'abandon des plus douces jouissances, disparoîtront sans retour, comme les dernieres images d'un songe que l'illusion du sommeil a produites; parce qu'il n'y a pas de bonheur durable pour l'homme, sans les mœurs, il importoit de les protéger, & on a institué les loix. Car quel est l'objet des loix? N'est-ce pas d'assurer la paix de la société? Et cette paix peut-elle régner long-tems? Est-elle même possible là où les affections des hommes entr'eux ne sont pas ordonnées comme le veut la nature; là où les hommes, assemblés plutôt qu'unis, ne connoissent pas toutes ces inclinations heureuses, toutes ces vertus paisibles, tous ces utiles préjugés, dont les bonnes mœurs se composent?

» Qu'on y prenne garde; les loix, quelles que soient leurs dispositions particulieres & leurs formes diverses, sur quelqu'objet même qu'elles statuent, n'ont jamais pour terme, ou prochain, ou éloigné, que de nous conserver, dans un ordre de choses où nous puissions aimer, tout ce que la nature nous commande d'aimer, où nous puissions vivre du bonheur de tout ce qui nous environne. Sévissent-elles contre le crime qui compromet notre sûreté, c'est qu'elles veulent, qu'au milieu de nos semblables, notre sécurité soit entiere, & que les soupçons & la crainte n'alterent pas notre confiance? Fixent-elles, par des décisions précises, la maniere dont nous pouvons accroître, transmettre ou défendre notre héritage; déterminent-elles les précautions d'après lesquelles nous devons acquérir ou contracter, c'est qu'il leur importe que la prudence ne devienne pas inquiete & minutieuſe; que la franchiſe & la bonne foi demeurent parmi les hommes : c'eſt auſſi qu'elles cherchent à éloigner de nous, les occaſions trop fréquentes de conteſter & de haïr. Les loix peuvent ſe tromper, ſans doute, ſur les moyens qu'elles employent ; mais toujours eſt-il vrai qu'elles ne ſe propoſent que de nous garantir du tourment des paſſions, capables de nous attriſter ou de nous aigrir. Toujours eſt-il vrai qu'elles ne s'occupent que d'empêcher que notre ſenſibilité ne ſe détourne vers des objets qui la dépravent. Toujours eſt-il vrai que leur action n'a pour but que des vertus à conſerver, que des vices à détruire; & que leur attention conſtante eſt de faire en ſorte que rien ne fatigue le développement naturel de nos habitudes, & qu'il n'entre, dans la compoſition de nos mœurs, aucun élément qui les corrompe. »

» Or maintenant, (je demande pardon de cette démarche didactique & ſévere), puiſque les loix n'ont été inſtituées que pour maintenir les mœurs, tout délit qui bleſſe les mœurs, bleſſe donc également les loix; puiſque les mœurs naiſſent des rapports naturels des hommes entr'eux, tout délit qui bleſſe les mœurs, porte donc un trouble inévitable dans les rapports naturels des hommes entr'eux; puiſque c'eſt d'après les rapports naturels des hommes entr'eux que la ſociété ſe conſtitue, tout délit qui bleſſe les mœurs, tend donc à opérer, plus ou moins, la diſſolution des principes de la ſociété. »

» Maintenant encore, puiſque, de l'inſtitution du mariage, ou de l'union permanente de l'homme & de la femme, vous avez vu réſulter à la fois, & le ſyſtême de nos relations ſociales, & le ſyſtême de nos mœurs ; puisqu'en conséquence de ce qui vient d'être dit, ces deux systêmes, qui s'entretiennent l'un par l'autre, reposent sur cette base unique, le délit le plus grave contre l'ordre moral & l'ordre de la société, le délit le plus grave contre la nature elle-même, dans le sein de laquelle ces deux ordres ont pris naissance, est donc évidemment celui qui attente à la paix des mariages ; celui qui, en altérant ainsi les premiers & les plus doux de tous les rapports, corrompt, dans son principe, & déprave dans son développement, le systême entier de nos habitudes. »

» Quoi qu'ait pu dire une philosophie trop indulgente ; quelle que soit, au milieu de la triste dépravation de nos mœurs, l'imprudente légéreté de nos maximes, ce n'est donc pas déja une faute ordinaire que d'affoiblir indiscrétement, & même sans aucune intention mauvaise, la confiance & l'attachement sans bornes que se doivent deux époux ; ce n'est donc pas une faute ordinaire, mais un crime véritable, mais peut-être le premier de tous les attentats contre l'ordre de la société, contre le systême des loix & des mœurs, que ce délit, trop excusé de nos jours, qui, violant le plus saint de tous les contrats, éteint pour jamais l'amour en des cœurs faits pour s'aimer, & brise sans retour, & comme à la fois, tous les liens qui les unissent. »

» Laissez-moi considérer ici toutes les conséquences de l'adultere. »

» Supposez l'adultere public ; de combien de troubles, de dissentions, de haines fatales n'est-il pas la source féconde ? Avec quelle terrible explosion je le vois diviser, disperser les peres, les époux, les enfans ? Avec quelle rapidité funeste

Il anéantit, il bouleverse au moins le systême entier de leurs habitudes? Loin de sa famille naissante, gage encore cher d'une union qui fut longtems heureuse, dans quel isolement affreux va vivre désormais cette femme infidelle avec trop d'éclat, & dont l'existence est pour jamais vouée au repentir & à l'ignominie? Au sein de sa famille naissante, que va devenir cet époux outragé avec trop de scandale? Que d'amertume, que de regret, que de mouvemens de douleur, de vengeance, il éprouvera dans la solitude profonde, à laquelle il est aussi condamné? Comme il se trouvera malheureux, en se rappellant les jours de bonheur qui se sont écoulés pour lui sans retour; en leur comparant les jours de tristesse qui leur succedent? Et, parmi tant de désolation, quelle éducation est réservée à ces enfans qui n'ont plus de mere; devant lesquels on ne peut même prononcer le nom de celle qui leur donna le jour! Employez toutes les ressources de la morale, pour leur former une ame aimante & sensible; oh, écoutez-moi! qu'aimeront-ils? leur pere, leur infortuné pere; & alors ils partageront ses ressentimens; & ils ne verront plus, que comme un objet d'aversion & de mépris, la femme qui cependant les a nourris de son lait; celle, sur le sein de laquelle ils se sont endormis tant de fois. Oh, écoutez moi! Qu'aimeront-ils? peut-être leur mere coupable, mais expiant sa faute par des pleurs éternels; & alors ils ne tiendront plus à leur pere, que par les chaînes pesantes du devoir; & il leur demandera vainement une tendresse dont le germe est étouffé dans leur cœur. Ainsi la famille est détruite, ainsi tous les individus qui la composent, isolés les uns des autres ; vivent avec des intérêts ou opposés, ou différens ; & la paix avec toutes les affections douces qu'elle produit, est exilée pour toujours du premier sanctuaire qui lui avoit destiné la nature «.

» Supposez l'adultere secret. Les conséquences qu'il entraîne, pour être différentes en apparence, en sont-elles moins funestes ? Je veux que vous puissiez constamment réussir à tromper un époux crédule, qu'un événement imprévu ne déconcerte jamais les mesures que vous prenez pour endormir sa vigilance ; je vous le demande ; en avez-vous moins porté le désordre & le vice dans l'ame de cette femme dont vous avez égaré la raison ! Ne l'avez-vous pas, pour toujours, placée dans une position fausse, où sa sensibilité ne peut se développer que d'une maniere contraire à ses devoirs ? Ne l'obligez-vous pas, sans cesse, à dissimuler, à feindre ? Ne l'accoutumez-vous pas, sans cesse, à mentir à son cœur, en présence de l'époux qu'elle doit aimer uniquement, & qu'elle est réduite à abuser, par des fausses caresses ou des confidences perfides ? L'amour heureux est la plus douce de toutes les affections de l'ame. L'amour, qui éprouve des obstacles, l'amour, qui ne vit qu'au sein de la contrainte & de la gêne, est, de toutes les passions, la plus terrible, & peut aisément devenir, de toutes les passions, la plus criminelle. Oh ! si celle que vous avez séduite, vous aime, comme il faut aimer, si elle ne vit que de votre vie, si elle va chercher dans votre ame tous les mouvemens auxquels la sienne s'abandonne, combien de fois, impatiente de jouir pleinement de son bonheur, & de se l'assurer sans retour, combien de fois ne desirera-t-elle pas le mal, la mort même de celui avec lequel elle a juré de vivre ? Vous frémissez ! Eh ! qui ne veut briser ses fers, quand il peut les remplacer par les plus doux liens ? Et, si j'osois vous révéler des mysteres affreux, de combien de crimes secrets, & bien plus communs qu'on ne l'imagine, cette fatale pensée n'est-elle pas tous les jours la cause ? Mais laissons-là les crimes, & ne parlons que des désordres qu'une telle situation enfante. Il faut haïr ceux qui nous empêchent d'aimer ; il le faut ; & c'est la nature elle-même qui l'ordonne. A côté de son époux, la femme infidelle n'aura donc que des sentimens d'aversion & de haine. Elle dissimulera ses sentimens, je le veux ; mais continuera-t-elle à mettre dans ses manieres, cette franchise, cette ingénuité touchante qu'il est impossible d'imiter ? Et dès-lors ne voyez-vous pas la froideur, l'indifférence, l'ennui ; séparer insensiblement les époux ? Et d'un pareil ordre de choses, quel systême d'éducation encore va résulter pour les enfans ? Ne remarquez-vous pas également ici toute la chaîne des affections domestiques interrompue, les membres de la famille opposés entr'eux, & les habitudes qui les isolent, remplaçant pour toujours celles qui devoient les unir « ?

» Ce n'est pas tout. Vous êtes surpris qu'un égoïsme dépravateur ait envahi toutes les classes de la société ; vous vous plaignez de ce qu'il n'existe plus de bonne foi, d'intimité dans le commerce de la vie ; vous regrettez, qu'à l'intéressante bonhommie, à l'antique franchise de nos peres, ait succédé une politesse froide, mesurée, pleine de réserve. Sous l'appareil mensonger de vos fausses jouissances, l'instinct de la nature vous parle encore; toujours mécontens parmi les vains amusemens qui vous occupent, les distractions tumultueuses qui vous entraînent, vous soupirez, en secret, après des biens plus réels, des plaisirs plus véritables; votre cœur que dévore une activité inquiette, cherche à travers les situations tourmentées qui lui sont offertes, une situation qui le repose. Il a besoin de se nourrir d'affections vives, de sentimens profonds, de s'attacher par des habitudes durables; &, dans le tourbillon d'intérêts opposés, qui le presse de toute part, rien n'appaise, rien n'assouvit ce besoin importun. Etrangers les uns aux autres, obéissant chacun à des systêmes différens, vous disputant le bonheur, comme des ennemis acharnés se disputent une proie; ne pouvant plus être heureux, parce que la nature a placé le bonheur pour vous, dans la communauté des mêmes affections; parce que vous ne pouvez être heureux qu'en vous aimant, & que vous ne savez pas, que vous n'osez pas vous aimer, vous n'existez ensemble qu'en vous environnant de toutes les précautions de la crainte, de tous les tourmens de jalousie. Vous ne connoissez plus ces mouvemens libres & décidés d'une sensibilité qui s'abandonne, ces émotions si touchantes & si vives, qui font tant de bien à l'ame qui s'y livre. Vous portez tous au dedans de vous, une affreuse solitude; malgré l'éclat & le bruit qui accompagnent vos jouissances, toutes vos ames se taisent; & l'insupportable ennui, & la tristesse vague & sans motif, finissent toujours par en absorber les vaines agitations, & par en éteindre tous les mouvemens «.

» Oh !

» Oh ! voulez-vous apprendre pourquoi vous êtes si loin aujourd'hui de la route que la nature vous avoit tracée ? Voulez-vous découvrir où vont se former tous les fléaux qui vous désolent, s'engendrer tous les vices qui vous travaillent ? Rentrez de nouveau avec moi dans l'intérieur de vos maisons ; comment vivent entr'eux ces peres, ces époux, ces enfans, qu'une même habitation réunit ? Que d'antipathies secrettes parmi tous ces êtres, appellés à supporter ensemble la même destinée ! Avec quelle indifférence ils s'arbordent ; avec quelle impatience ils se fuyent ; avec quel dégoût mal déguisé, ils demeurent ! Et quand a commencé le désordre dont vous appercevez ici des traces si funestes ? Je viens de vous le dire, & il faut le répéter encore ; à l'instant où l'épouse fut infidelle ; à l'instant où l'époux a cessé d'aimer son épouse. Alors vous l'avez vu, la confiance mutuelle s'est éteinte ; alors aux douces habitudes ont succédé les froides bienséances, alors plus d'abandon, plus de plaisirs ; l'époux & l'épouse ont négligé des devoirs qu'ils ne pouvoient remplir qu'en commun ; les enfans ne se sont développés que dans un état de gêne ; & loin des affections paisibles qui auroient dû les environner dès le berceau, ils n'ont vécu que pour connoître toutes les passions tristes, qui, en isolant l'homme de ses semblables, le rendent par-tout méchant & malheureux. Or maintenant, faites sortir de leurs foyers, ces peres, ces enfans, ces époux, qui n'ont fait ensemble que le cruel apprentissage de dissimuler & de haïr ; assemblez en société tous ces membres épars : où voulez-vous trouver les vertus que vous regrettez ? Comment seroit-il possible que se formassent, parmi tous ces êtres déja corrompus, les habitudes nécessaires à votre bonheur » ?

» Aussi, pour le dire en passant, la plûpart des législateurs, religieux & politiques (1), ont-ils regardé l'adultere comme rompant essentiellement le mariage. Aussi le divorce a-t-il été & demeure-t-il encore en usage chez tous les peuples, où l'on s'est spécialement occupé du maintien des mœurs, & de la conservation des premiers principes de la société ».

» Et ne croyez pas qu'en ceci on se soit écarté des loix de la nature. J'ai démontré, je crois, jusqu'à l'évidence, que la nature veut l'union permanente de l'homme & de la femme, mais elle veut aussi, & avec la même force, la perpétuité de l'ordre social; mais elle réprouve, de la maniere la plus impérieuse, tout ce qui tend à troubler le systême de relations qui constituent cet ordre. Or, je viens de vous le prouver, le systême entier des relations sociales est frappé dans sa base, à l'instant où la femme devient infidelle;

---

(1) Le divorce est spécialement autorisé par plusieurs passages de l'Evangile. L'Eglise l'a long-tems permis; il existe encore un pays catholique, (la Pologne) où il est en usage.

On trouvera peut-être singulier que me déclarant ainsi le partisant du divorce, je n'aie pas consenti à ce que la Dame Kornman en fît usage. Mais on a vu que les loix du royaume s'y opposoient. Tout ce qu'elle pouvoit demander en conséquence de nos loix, c'étoit la cassation de son mariage, en supposant qu'il ne fût pas revêtu des formalités requises. Or son mariage ne pouvoit être cassé, sans que mes enfans ne courussent le risque d'être dépouillés de leur état civil & de leur fortune, &c. &c.

&, si la nature veut essentiellement que ce systême soit conservé, elle-même doit commander qu'on rompe, sans retour, des liens qui ne peuvent plus être entretenus que pour le détruire. »

» De plus, pourquoi la nature veut elle l'union permanente de l'homme & de la femme ; je vous l'ai dit, parce que, sans cette union, le développement de la famille est impossible ; mais remarquez avec moi que la sensibilité dont elle nous a doués, est toujours relative à la tâche qu'elle nous impose. Une femme est destinée à être mere ; & sa sensibilité, envers un individu d'un sexe différent, ne peut s'exercer que pour le devenir. Quand elle s'abandonne à celui qu'elle préfere à son époux, elle ne doit donc l'aimer qu'avec le genre de sensibilité qui est inhérent à sa constitution, que comme pouvant porter dans son sein le germe d'un autre ordre domestique, d'une autre famille. Et peut-elle physiquement appartenir à deux époux, à deux ordres domestiques, à deux familles ? Et ne faut-il pas alors qu'elle se détache toute entiere de l'époux qu'elle outrage, pour se livrer toute entiere à l'homme qui l'a séduite ? N'est-elle pas contrainte de choisir entre tant de relations opposées, & cependant également naturelles ; & si vous l'obligez de les confondre ensemble, où voulez-vous trouver en elle l'unité de soins & d'affections nécessaires pour le développement régulier, & la conservation de l'espece humaine » ?

» L'adultere emporte donc avec lui la dissolution physique du mariage : & le divorce, qui en est le remede, résulte évidemment de l'organisation de la femme & des premieres loix de la nature. »

» Mais, quelles que soient les conséquences désastreuses que l'adultere entraîne après lui, gardez-vous cependant de penser que ce soit absolument d'après ces conséquences, qu'il convient de déterminer le degré de peine qu'il mérite. Sondez ici avec moi toutes les profondeurs du cœur humain. Il est des délits qui naissent de notre résistance aux premiers penchans de la nature. Il en est qui résultent de l'abus de ces penchans. Ceux-ci supposent une ame entraînée ; ceux-là une ame pervertie. On ne peut commettre les uns, sans étouffer avec violence tous les mouvemens de bienveillance & de pitié qui nous rapprochent de nos semblables. Ce n'est souvent que parce qu'on a un cœur né pour la bienveillance & la pitié, qu'on devient coupable des autres. Les premiers appartiennent plus à la volonté & au caractere ; les seconds appartiennent davantage à la sensibilité qui s'égare, à la foiblesse qui s'abandonne. Il faut que les loix soient séveres contre les premiers, lorsqu'il s'agit de punir les seconds ; quelquefois il faut souffrir qu'elles soient indulgentes. »

» Si ces idées sont vraies, quoique l'adultere soit incontestablement le premier de tous les délits dans l'ordre moral ; quoique je vienne de prouver que, considéré en lui-même, il tend à rompre les liens de la société, cependant comme il naît de l'abus des premiers penchans de la nature, & qu'il les déprave plus qu'il ne les étouffe, il ne suppose pas toujours, dans celle ou celui qui le commet, une perversité bien profonde ; & ici, j'ai plus d'une distinction importante à faire. »

» Il me semble que, pour déterminer le degré de perversité que suppose l'adultere, il faut l'envisager sous trois points de vue ; d'abord relative ment aux divers âges de la ſociété, enſuite, relativement aux divers principes politiques des gouvernemens ; enfin relativement aux individus qui s'en rendent coupables. »

» Si les rapports qui conſtituent la ſociété, ſont encore ſimples : ſi l'on n'y connoît preſque que les beſoins de la nature, & les plaiſirs faciles qui naiſſent de ces beſoins ; ſi les arts peu nombreux, en portant la ſenſibilité vers une trop grande variété d'objets, ne l'ont pas rendue trop inquiete & trop active ; ſi chacun jouiſſant avec plus ou moins d'abondance, tous cependant jouiſſent à-peu-près de la même choſe, & de la même maniere ; alors, dans un repos uniforme, toute les habitudes ſociales s'ordonnent comme le veut la nature ; alors les mœurs ſont ſaines, & l'opinion qui, pour ce qui regarde les mœurs, n'eſt jamais que l'expreſſion de la façon de penſer commune ſur ce qui eſt juſte ou injuſte, ſur ce qui doit être permis ou défendu, les protege néceſſairement de toute ſa force. Là, l'épouſe infidelle, là le ſéducteur audacieux auront beſoin de combattre avec plus d'énergie les mouvemens de leur conſcience & l'exemple général pour devenir coupable. Là, preſque toujours il n'y aura pas d'adultere ſans une grande dépravation, ſans une perverſité réelle. Là auſſi, parce que ſe ſera ſur-tout dans le cercle de ſes affections domeſtiques, que l'homme aura placé ſon bonheur, on affligera, on dépouillera davantage l'époux outragé ; on portera dans ſa famille, une déſolation plus durable, en briſant les liens qui l'attachent à ſon épouſe ; & la loi devra être d'autant plus ſévere, que le délit, qui lui faudra punir, ſera plus volontaire, que le dommage particulier, dont il deviendra la cause, sera plus irréparable. »

» Si, au contraire, les rapports qui constituent la société, sont devenu très-nombreux; si, aux besoins qui naissent de notre constitution, les arts, déja trop perfectionnés, ont ajouté une somme considérable de besoins factices; si la sensibilité de l'homme, qui n'a cependant qu'une certaine mesure répandue sur une très-grande quantité d'objets, ne se concentre sur aucun avec énergie, les relations qui le rapprochent de ses semblables, seront moins profondes, en raison de ce qu'elles seront plus multipliées, & chacune d'elle deviendra moins nécessaire. Alors les mœurs perdront de leur force & de leur simplicité premiere; alors ce sera rarement la nature que l'on consultera, pour former les habitudes domestiques qui les constituent; alors il sera toujours question, sans doute, d'assurer le bonheur de deux époux, quand il s'agira de les unir; mais on n'appercevra pas ce bonheur où il est véritablement; mais on ne le verra presque toujours, que là où se trouve le plus de moyens de se procurer ce grand nombre de jouissances factices, dont les progrès des arts & de la civilisation nous auront rendus malheureusement trop avides; alors ce ne seront pas les rapports d'âge, d'inclination, de volonté, mais les convenances de rang, d'état, de fortune, mais des vues ambitieuses qui détermineront les mariages. Dans un tel ordre de choses, il ne faudra pas beaucoup compter sur l'affection mutuelle des époux, parce qu'on n'aura rien arrangé pour la faire naître. Les devoirs qui leur seront imposés, quelque respectables, quelque sacrés qu'ils soient, n'étant pas de leur choix, peseront comme un joug sur leurs têtes captives; l'épouse qui s'y soustraira, le séducteur qui tentera de l'y soustraire, paroîtront donc moins attenter au bonheur particulier de l'époux qu'ils outragent; ils sembleront n'interrompre que des habitudes mal formées, ne briser souvent qu'une chaîne importune. L'opinion troublée dans sa marche, & qui protege toujours les efforts de la liberté contre la tyrannie, craindra de les flétrir; elle les jugera d'autant moins coupables, qu'ils auront eu moins d'efforts à faire sur eux-mêmes, moins d'obstacles à vaincre pour le devenir, qu'un désordre antérieur & général aura préparé le désordre domestique, dont ils sont la cause; & quoique le délit qu'ils commettent entraîne toujours, pour l'ordre social, les mêmes conséquences, cependant la loi sera contrainte de le punir avec moins de sévérité, parce qu'elle n'aura pas assez fait pour le prévenir ».

» Il est des gouvernemens qui protegent efficacement les mœurs; il en est d'autres qui s'occupent, d'une maniere moins spéciale, de les maintenir ».

» Dans les gouvernemens libres, (& ce sont ceux qui protegent efficacement les mœurs), les hommes sont appellés à des habitudes graves & profondes; occupés d'objets sérieux qui les portent sans cesse à réfléchir sur eux-mêmes, & à ne chercher jamais, hors de la nature, le bonheur auquel ils sont destinés, ils sentent la nécessité d'assurer le repos des familles, & d'empêcher, autant qu'il est possible, que rien n'en dérange l'harmonie. Là encore, il faudra se séparer davantage de l'ordre commun, heurter de plus près l'opinion, pour attenter à la paix des mariages. Là aussi, les loix seront séveres; & l'adultere sera regardé comme un crime qui suppose, dans les coupables, une dépravation réfléchie, & une audace de principes qu'il importe de réprimer ».

» Dans les gouvernemens asservis à des volontés arbitraires, les mœurs n'ont pas tant d'empire. Il semble que, pour y dédommager l'homme de la liberté politique dont il est dépouillé, on y ait besoin de lui laisser une plus grande liberté de mœurs; car la liberté est un ressort qu'on ne peut comprimer en même tems dans tous les points; si vous le prenez d'un côté, il faut absolument qu'il réagisse de l'autre, ou bien, vous le verrez briser à la fois tous les obstacles qui s'opposent à son développement. Là, il y aura donc une plus grande facilité, & souvent même une grande licence de mœurs; là l'homme conservera la faculté d'abuser de ses penchans, afin qu'il s'apperçoive moins qu'il est privé de la faculté d'exercer ses droits; là si l'adultere est toujours une faute, il sera rarement un crime, malgré les désordres nombreux qu'il enfante, & les loix, quelque indulgentes qu'elles soient, auront encore besoin de lutter contre l'opinion pour le réprimer, ou le punir ».

» Enfin, si l'on envisage l'adultere par rapport aux personnes qui s'en rendent coupables, il y a des distinctions bien délicates à saisir ».

» Il me paroît d'abord, qu'il faut distinguer entre la femme séduite & le séducteur qui la rend infidelle; celui-ci est presque toujours volontairement coupable; celle-là n'est trop souvent qu'imprudente ou foible. Qu'on y prenne garde, les femmes en général, nées avec plus de sensibilité que de disposition à réfléchir, destinées à toutes les émotions vives & soudaines, ne recevant pas, à moins qu'elles ne soient absolumens dépravées, une impression qui ne porte sur leur cœur, ont une ame qui s'émeut sans cesse. C'est ce mouvement de l'ame qui donne à tout ce qu'elles font cet air de passion ou de grace qui nous plaît tant en elles, & qu'on remarque aussi chez quelques hommes; mais ce mouvement les dispose à plus d'égaremens, & si vous considérez que dans l'intérieur de sa maison, une femme unie, comme il n'arrive que trop ordinairement parmi nous, à un époux qui n'est pas de son choix, & dont l'humeur ne convient pas à la sienne, peut être inquiétée par une foule de petits événemens domestiques qui ne se succedent, que pour l'irriter ou l'aigrir, si vous placez à côté d'elle un homme qui toujours libre, toujours indépendant, s'attache à mettre à profit pour lui-même tous ces petits événemens qui l'affligent, vous devez convenir que l'homme qui n'a trop ordinairement que des motifs d'intérêt personnel pour devenir coupable, est bien moins excusable que la femme infidelle, dans laquelle tant de circonstances peuvent étouffer le sentiment qui l'attache à ses devoirs ».

» On doit encore soigneusement distinguer entre la femme qui a des enfans & celle qui n'en a pas. Les enfans sont autant de liens qui attachent une femme à son époux, & à côté de ces liens, la nature a placé pour elle autant de devoirs impérieux qu'elle ne peut se dispenser de remplir. En violant le plus respectable de tous les contrats, une femme qui joint à la qualité d'épouse celle de mere, rompt donc un plus grand nombre d'habitudes, se soustrait donc à plus d'obligations; elle est donc aussi plus criminelle. Ne jugez pas avec tant de rigueur la femme qui n'est pas mere. Faites avec moi cette réflexion. Il existe dans le cœur humain une activité inquiete qui le porte à vouloir jouir sans cesse, & il ne jouit pas, si après des émotions vives il éprouve des émotions moins vives. Pour que nos habitudes se conservent, il y faut donc du mouvement. Le retour des mêmes sensations les affoiblit, & l'ennui qui ne naît que de l'uniformité des sensations, finit par les éteindre. La nature qui a voulu l'union permanente de l'homme & de la femme, s'est occupée aussi d'en assurer la durée, en prolongeant sur les enfans les habitudes qui les rapprochent, en nourrissant ces habitudes de toutes les sensations nouvelles que le développement de la famille naissante & les soins qu'elle exige peuvent faire naître. Où il n'y a pas d'enfans, les causes destructrices des habitudes qui lient les époux, seront donc plus multipliées; où il n'y a pas d'enfans, le vœu de la nature ne sera donc qu'incomplettement rempli; où il n'y a pas d'enfans, peut-être quand ces habitudes s'éteignent, la nature elle-même ordonne-t-elle le divorce, & si la loi positive le proscrit, la femme infidelle est coupable sans doute; mais elle l'est d'autant moins que l'attrait le plus puissant pour remplir ses devoirs n'existe pas pour elle.

Enfin, il reste une derniere distinction à faire; l'adultere n'est qu'un délit odieux, toutes les fois qu'il n'a pour cause qu'un libertinage effréné, que le mépris ou l'abus de tous les principes de la morale, quand encore la femme qui s'abandonne, quand l'homme qui séduit n'obéissent l'un & l'autre qu'à des froides combinaisons d'intérêt & de fortune; alors la nature elle-même est outragée & tous les plaisirs de l'amour sont des crimes. Mais cette jeune infortunée, séparée avec violence de tout ce qu'elle aimoit, unie malgré elle à un maître qu'elle abhorre, arrosant tous les jours de ses pleurs le nœud funeste qu'elle a formé, entraînée par sa conscience vers des devoirs qui l'accablent, rappellée par ses regrets vers celui avec lequel elle eût trouvé tant de consolation à les remplir; mais cette femme tendre & passionnée dont le sort a été confié dans l'âge de l'inexpérience, à un époux qu'elle connoissoit à peine; cette femme qui, à mésure que son ame s'est développée, s'est apperçue trop tard qu'elle n'avoit pas à côté d'elle l'ame qui devoit répondre à la sienne; cette femme qui, rêvant une destinée plus douce, cherchant comme par un instinct involontaire des rapports plus heureux, a cru trouver dans sa chimere, l'être sensible qui convenoit à son cœur, & qui née pour toutes les vertus que l'amour paisible fait éclorre, mêle toujours des remords aux fautes que l'amour mécontent fait commettre. Eh bien! je sais qu'elles sont coupables à l'instant qu'elles deviennent infidelles. Mais écoutez; toutes les affections tendres dont la nature a déposé le germe dans vos cœurs, sont bonnes; c'est par elles que s'opere le développement de votre être sur tout ce qui vous environne ; c'eſt avec elles, comme je vous l'ai démontré, que ſe compoſe le ſyſtême de vos mœurs ; ces affections ne deviennent ou mauvaiſes ou dangereuſes que lorſqu'elles ſont troublées. Alors elles ſe changent en paſſions, car les paſſions ne ſont que des affections troublées ; alors elles ſe changent en paſſions, comme le ruiſſeau tranquille devient torrent quand on oppoſe une digue à ſon cours. Or, ſi c'eſt vous-même qui avez oppoſé une digue au cours du ruiſſeau, ſi une mere jalouſe, un pere impérieux, ont commandé l'obéiſſance quand ils ne devoient que ſeconder l'inclination ; ſi pour forger des chaînes, ils ont briſé des liens déjà tiſſus par l'amour ; ſi avant que d'unir des époux, ils n'ont pas préparé les habitudes qui devoient unir les cœurs ; ſans doute, il vous faudra punir, puiſqu'enfin il exiſte ici un délit, puiſque l'ordre de la ſociété & des mœurs eſt bleſſé ; mais que la peine ſoit légere, qu'elle ait plus pour objet de reprimer que de ſévir ; mais n'oubliez pas en puniſſant, que le délit qui vous eſt dénoncé, a été préparé par un crime ; car c'eſt un grand crime que de diſpoſer à ſon profit ou à ſon gré de la deſtinée d'un autre, que de violer ſon bonheur, ſi je peux me ſervir de ce terme, que de le placer pour toujours dans une poſition cruelle, où ſon ame ſera continuellement froiſſée par des devoirs pénibles, dont aucun inſtant de plaiſir ou de paix ne tempérera la rigueur. »

» Ce n'eſt pas tout, & j'omettois ici une obſervation néceſſaire. S'il arrivoit que l'époux qui ſe plaint, eût donné lieu par ſa conduite aux déſordres de ſon épouſe ; ſi celle-ci n'étoit devenue criminelle, que parce qu'il auroit tranſporté à une femme étrangere l'affection qu'il lui doit, je ſais que la faute d'une épouſe entraîne toujours après elle des conſéquences plus graves, que les déréglemens même les plus marqués d'un époux, je ſais & je crois que je l'ai ſuffiſamment prouvé, que la femme eſt le centre de toutes les habitudes domeſtiques, & qu'elle ne peut s'écarter un inſtant de ſes devoirs, ſans que tout cet ordre d'habitudes ne ſoient troublé ; mais ici cependant puiſque l'accuſateur eſt coupable ; puiſque, s'il ne l'eût pas été, peut-être celle qu'il accuſe, ſeroit encore innocente : faut-il prononcer une peine ? Ne convient-il pas ſimplement de briſer ou de relâcher des liens qui ne peuvent ſubſiſter ſans inconvénient ? Et ſi l'on veut abſolument punir, n'eſt-ce pas ſur l'époux infidele, plus que ſur la femme adultere, que la loi doit faire tomber le poids de ſes vengeances « ?

» Ainſi, en réſumant, l'adultere bleſſe eſſentiellement l'ordre ſocial : ainſi toutes ſes conſéquences ſont funeſtes, & néanmoins quand il s'agit de ſévir contre les individus qui s'en rendent coupables, ſi l'on ne veut pas s'écarter de la morale de la nature, ſi l'on veut que la peine ſoit toujours juſte, il importe de le conſidérer avec toutes les circonſtances qui l'accompagnent ; d'avoir égard aux tems, aux lieux, aux perſonnes, aux motifs qui entraînent à le commettre ; il importe de ne pas punir toujours avec la même ſévérité un délit qui, quoique le premier dans l'ordre des mœurs, cependant, ſelon que nos institutions sont bonnes ou mauvaises, tantôt doit être regardé comme une faute, une foiblesse, tantôt est un crime véritable «.

» Encore une réflexion indispensable. Gardons-nous d'outrager les mœurs en voulant les venger. Puisque la loi doit être modifiée de tant de manieres, quand il s'agit de prononcer sur la plus ou moins grande perversité, que suppose l'adultere : peut-être seroit-il à desirer que le jugement de ce délit, sur-tout dans nos constitutions imparfaites, n'appartînt qu'à des hommes que la maturité de l'âge auroit élevés au-dessus des passions : peut-être sans qu'il fût besoin de loi, conviendroit-il de s'en rapporter, sur la nécessité de pardonner, de réprimer ou de punir, à leur longue expérience, à la connoissance qu'ils auroient du cœur humain, des motifs si nombreux & souvent si cachés qui le font agir ? Peut-être aussi conviendroit-il que le tribunal auguste où ils prononceroient leurs arrêts, fût constamment interdit à la curiosité publique ; que tous les secrets domestiques qu'il faudroit y reveler & qui donnent tant de prise à la malignité humaine, y demeurassent ensevelis : en un mot, que leur tribunal fût un tribunal de modération & de paix, toujours environné d'un silence religieux, & dont les accusateurs & les coupables ne pussent jamais approcher, sans sentir expirer dans leur sein les passions qui les égarent, sans se trouver comme involontairement disposés au moins à l'indulgence, à la pitié, à toutes les affections douces & tranquilles dont vous avez vu que les bonnes mœurs se composent «.

» Et puisque cette institution salutaire n'existe

pas parmi nous, peut-être faudroit-il que l'époux outragé eût le droit de modérer l'action de la loi, toutes les fois que, contraint de recourir à son autorité, il la juge cependant trop févere ? Que le magistrat à la bonne heure inflige au séducteur, dans toute sa rigueur, la peine ordonnée par la loi; c'est assez pour le maintien & l'exemple des mœurs; mais qu'on n'oublie pas que l'époux, qui est réduit à la nécessité cruelle d'accuser son épouse, se blesse lui-même en l'accusant : que, si elle est mere, il blesse aussi ses enfans; que dans cette situation accablante, il est toujours partagé entre le remords & les regrets : & qu'il lui soit permis du moins, quelque graves que puissent être les circonstances du crime qu'il dénonce, d'implorer contre la coupable une peine qui ne désole pas son propre cœur, & qui en retombant sur sa famille innocente n'afflige pas la nature «.

Voilà les principes que je crois devoir adopter. L'application à ma cause n'en sera pas maintenant bien difficile.

Il est, je crois, suffisamment démontré, d'après les faits dont j'ai rendu compte, d'après l'interrogatoire & les aveux de la dame Kornman, d'après la correspondance scandaleuse du Sr. Daudet, d'après les dépositions des témoins nombreux que j'ai fait entendre, que la dame Kornman est coupable d'adultere, que le sieur Daudet est le premier auteur de ses désordres, que le sieur de Beaumarchais en prêtant son appui à la dame Kornman, en contribuant par ses conseils, par ses manœuvres, par ses démarches à l'égarer davantage, s'est lui-même déclaré le complice du sieur Daudet.

Il eſt, je crois, démontré d'après le même ſyſtême de depoſitions, & de faits, que M. Lenoir en ſouſtraiſant la Dame Kornman à mon inſpection, en la mettant ſous la main des ſieurs Daudet & Beaumarchais au mépris des loix les plus ſaintes, en lui accordant à meſure qu'elle devenoit plus criminelle une protection plus décidée, n'a fait de l'autorité qui lui étoit confiée, qu'un uſage condamnable.

Il eſt enfin, je crois, démontré que le délit que j'impute à la dame Kornman a été la ſource féconde d'une foule d'autres délits, ſelon moi, bien plus graves & que dans l'ordre des mœurs, il ſeroit difficile d'en citer un qui ait eu des ſuites plus funeſtes.

Je ne dénonce donc pas ici un délit ordinaire, & j'enveloppe dans mon accuſation pluſieurs coupables; mais ces coupables ne le ſont pas tous au même degré, & ſi les principes que je viens d'expoſer ſont vrais, il me ſemble qu'on entrevoit déja que ce n'eſt pas de la même maniere que je dois caractériſer leur prévarication ou leurs crimes.

Je ſais qu'au premier coup-d'œil, & ſi l'on ne s'attache qu'à conſidérer cette chaîne d'événemens déſaſtreux dont l'infidélité de la dame Kornman a été l'unique cauſe, ſi l'on n'arrête ſes regards que ſur le ſcandale de ſa conduite, on ne ſera pas tenté de la placer au rang de ces femmes plus malheureuſes encore que criminelles, envers leſquelles les loix ſeroient injuſtes, ſi elles puniſſoient avec toute leur ſévérité.

La dame Kornman ne s'eſt unie qu'à un époux de ſon choix, & des parens impérieux n'ont n'ont point exigé d'elle le sacrifice de sa volonté : la dame Kornman est mere, comme elle est épouse, & sa famille naissante auroit dû la rappeller sans cesse à ses devoirs ; la dame Kornman a vécu long-tems heureuse, à côté de son époux, & je la connois sincere au milieu de ses égaremens ; elle-même attestera que jusqu'à l'époque de la séduction du Sr. Daudet, aucun procédé, aucune inattention de ma part n'avoient préparé ses erreurs. Il semble donc d'abord que ses fautes nombreuses sont absolument sans excuse, & qu'aucune circonstance ne peut modérer l'impression défavorable qu'elles produisent.

Mais j'ai vu la dame Kornman pendant six années entieres, épouse aussi fidelle, que mere attentive & tendre ; je l'ai vue loin du monde & dans l'intérieur de sa maison se priver des distractions les plus innocentes, pour ne s'occuper que de ses enfans ; je l'ai vue pleine d'une joie douce veiller à côté de leur berceau, & protéger de ses regards leur paisible sommeil ; j'ai vu des larmes d'émotion dans ses yeux, quand elle caressoit sa fille, quand son fils reposoit sur son sein. Elle aimoit donc ses enfans. Elle étoit donc née pour la vertu. Hélas ! ne calomniez pas le cœur humain, & quand tant de sensibilité se mêle à tant d'erreurs, ne soyez pas inexorable !

Non : malgré tous les outrages dont elle m'a couvert, il n'est pas en mon pouvoir de la haïr ; sûrement encore elle seroit innocente, si des circonstances fatales n'avoient amené auprès d'elle un homme d'une perversité aussi adroite, aussi patiente que réfléchie ; sûrement après ses premieres imprudences, & quand je ne voulois que pardonner, elle seroit revenue jouir auprès de ses enfans de tout le bonheur qui lui étoit destiné, si sur les traces de son séducteur, il ne s'étoit malheureusement trouvé un homme connu par son immoralité profonde, habile à réduire la corruption en systême, environné d'une célébrité qui en imposoit à son inexpérience, & ajoutant au danger de ses conseils & de ses maximes, toute la force de l'opinion dont il sembloit alors disposer à son gré. Sûrement aujourd'hui elle pleureroit auprès de moi ses erreurs, si le magistrat chargé d'en interrompre le cours, n'avoit travaillé sans cesse à lui rendre plus facile la route criminelle dans laquelle une premiére faute l'avoit entraînée; si à mesure qu'elle tomboit de chûte en chûte, il ne s'étoit constamment occupé de rendre toutes ses chûtes légeres, & de lui déguiser ainsi par cet artifice cruel l'abyme profond où elle est maintenant descendue. Que vouloit-on que fît contre les hommes accoutumés à séduire, intéressés à tromper, une femme jeune, inconsidérée, qui, toute sa vie avoit plus senti que raisonné ses devoirs? Si toutes ces fautes mises ensemble ressemblent à des attentats, à côté de chacune de ses fautes, n'apperçoit-on pas toujours l'homme pervers qui la détermine, ou plutôt qui l'entraîne à la commettre! En examinant de près sa conduite, ne remarque-t-on pas toute l'influence de la société corrompue dans laquelle on la fait vivre? Oublie-t-on si vîte ses premieres vertus? Et en la voyant foible, impétueuse, égarée, se débattre parmi tant de perfidies, ne sent-on pas encore quelque pitié dans son cœur, & peut-on demeurer sans indulgence?

Ah ! je ne demande pas que la loi sévisse contre elle ; je me dois à moi-même, je le sais, de l'arracher au systême de dépravation auquel elle appartient depuis trop long-tems ; de la garantir des dangers de sa propre inconduite, de lui épargner de nouvelles erreurs, peut-être aussi des crimes. Eh bien ! je remplis mon devoir. Je ne propose encore que ce que j'ai proposé tant de fois ; qu'il lui soit ordonné de fuir le théâtre trop dangereux pour elle de ses égaremens ; que dans le lieu où on fixera son séjour, on détermine d'une maniere équitable & douce, le sort que je dois lui faire ; qu'oubliant l'usage & sa sévérité, on ne la dépouille pas de sa fortune par une confiscation odieuse ; qu'on l'oblige simplement de l'assurer à ses enfans, puisqu'enfin elle ne peut les en priver sans offenser la nature ; que d'ailleurs, s'il se peut, sa destinée ne soit pas cruelle, & que du moins, la honte d'une condamnation rigoureuse ne se mêle pas aux larmes ameres que le sentiment de ses fautes lui arrachera désormais.

Va, malheureuse ! aucun mouvement de vengeance ne se mêle au triste devoir que je remplis aujourd'hui ; ton cœur est seul maintenant, il sera toujours seul ; tu ne connoîtras plus les affections douces qui le remplissoient autrefois. Si mes espérances ne me trompent pas, on te parlera souvent dans ta retraite des succès de ton fils, des vertus de ta fille. Tu les aimois, tu dois les aimer encore, & tu n'oseras pas te réjouir de leur succès & de leurs vertus ; & tu te diras dans ton amertume profonde : ils me haïssent, du moins ils doivent me haïr ; je n'ai travaillé que pour leur ruine ; dans mes fureurs insensées je les ai rejettés de mon sein, & leur bonheur n'est pas mon ouvrage; & tu tomberas abattue de tristesse, & tu n'auras plus de joie, & le remords & les regrets te déchireront tour à tour «.

» Dieu de miséricorde & de paix, verse dans cette ame maternelle & pour toujours désolée, tes consolations les plus puissantes; fais-lui d'éclatantes vertus qui effacent à jamais le souvenir de ses erreurs; que ses enfans puissent l'estimer, la chérir encore; ramene-les quelque jour auprès d'elle; place entre la mere & les enfans, le berceau qui a reçu les enfans, & auprès duquel veilloit la mere avec tant de constance & de tendresse; que la mere & les enfans pleurent autour du berceau, & que leurs larmes confondues terminent enfin cette expiation, hélas trop douloureuse «.

Mais si tant de circonstances me font un devoir de ne parler que le langage de l'indulgence, à l'instant où je me vois contraint d'accuser une infortunée que j'ai voulu si long-tems soustraire à la censure des loix, que dois-je à tous ces hommes qui ont travaillé avec une persévérance si révoltante à consommer sa dépravation & sa ruine? Ils n'auroient fait autre chose que servir ses ressentimens, que partager ses erreurs, qu'ils seroient déja sans excuse; & quand on songe que ses erreurs, ses ressentimens sont leur ouvrage; quand on mesure de l'œil cette longue chaîne de calomnies, de persécutions, de malheurs, d'attentats dont ils ont assemblé les anneaux avec une industrie si coupable, que trouve-t-on dans son cœur, que des mouvemens d'indignation & de vengeance, que cette terreur profonde qu'on éprouve toujours à l'aspect des grandes infortunes causées par les grands crimes.

Qu'on se rappelle avec quelle fatale adresse le Sr. Daudet a égaré la raison de la dame Kornman. Comme après chaque faute, il lui prescrivoit une faute plus grave ; comme après chaque démarche, il lui commandoit une démarche plus audacieuse. Comme la plaçant successivement dans des situations de plus en plus difficiles, il s'est occupé d'assembler autour d'elle tous les hommes, toutes les circonstances qui l'ont perdue ; comme à chaque instant étouffant en elle un remords, déracinant une vertu, il est enfin parvenu à la rendre voisine de tous les crimes. Qu'on se demande ensuite quels motifs ont déterminé le Sr. Daudet dans toute sa conduite. Aimoit-il la dame Kornman ? Non. L'amour n'a pas cette patience & cette perfidie. Toujours quelque regret, quelque remords se mêle aux attentats qu'il fait commettre. S'il agit, quand il est irrité, c'est par des explosions soudaines, & les longues vengeances lui sont inconnues. D'ailleurs les lettres seules du Sr. Daudet suffisent pour déposer contre lui ; ces lettres dont j'ai craint de faire usage, qu'on ne peut lire sans dégoût, & où l'on n'apperçoit que l'intrigue qui s'émeut à travers les expressions du libertinage le plus effréné. Que vouloit donc le Sr. Daudet ? Il avoit besoin d'une fortune qui pût satisfaire son ambition ; il rencontre dans une maison qui lui offre l'appareil de la richesse, une femme jeune, vive & susceptible d'égarement ; il épie le caractere de cette femme, & usant de toutes les ressources que l'habitude de séduire & de corrompre peut lui suggérer, le voilà qui s'occupe de l'enlever à son époux, de l'arracher à ses enfans, de s'approprier sa personne & son bien, indifférent d'ailleurs sur ce qu'elle pourra devenir, l'avilissant pour se l'attacher davantage, & ne profitant de la passion qu'il lui a malheureusement inspirée, que pour en faire sa victime.

Que dire ensuite du Sr. de Beaumarchais? Que dire de cet homme inconcevable qui, sans aucun prétexte qui lui soit personnel, se jette entre la dame Kornman & moi, rompt toutes les mesures que je prends pour la rappeller à ses devoirs, se la fait délivrer sans consulter son époux, sa famille, comme un effet qui lui appartient, & qui la prostitue ensuite à la société la plus licencieuse & la plus corrompue? Que dire de cet homme inconcevable qui, ne me connoissant pas, ne m'ayant jamais vu, n'ayant aucune raison de me haïr, médite froidement ma ruine; qui, quand il a besoin pour me perdre d'un mensonge, d'une calomnie, d'un complot, d'un crime, arrange avec une incroyable facilité le mensonge, la calomnie, le complot, le crime nécessaire au succès du plan qu'il a formé; qui surprenant ma bonne foi, ne s'introduit dans mes affaires que pour détruire mon crédit, attenter à ma réputation, me dépouiller s'il le peut de ma liberté; qui, se jouant avec audace des premieres loix de la nature, commande à une femme égarée les attentats les plus graves contre son époux & ses enfans, s'associe à des projets affreux, & l'étourdissant sur ses démarches lui ôte jusqu'à la pitié que le spectacle de tous les malheurs dont elle est le prétexte ou la cause, devoit exciter en elle? Que dire de cet homme inconcevable qui, n'ayant étudié le cœur humain que pour mettre à profit sa dépravation, va me chercher des ennemis par-tout où il croit rencontrer des hommes ayant quelqu'intérêt à me nuire, quelque besoin de me tromper; qui, m'ayant enfin trouvé des persécuteurs à son gré, immobile au centre de sa conjuration, développe sous mes pas tous les mouvemens de l'enfer, agite, souleve, tourmente en tout sens le terrein sur lequel il me faut marcher, & dont l'action malfaisante & jamais interrompue, se reproduit à chaque instant sous tous les événemens de ma vie, pour les changer, tantôt en circonstances dangereuses, tantôt en scenes désolantes, tantôt en catastrophes cruelles.

Sont-ce donc là des séducteurs ordinaires? Faut-il qu'étouffant tous mes ressentimens je descende dans ces consciences cadavereuses pour chercher si par hasard il n'y reste pas quelque fibre encore saine? Est-il quelque vertu parmi tant de vices? Est-il quelque excuse après tant d'attentats? N'est-ce pas contre de tels coupables que la loi doit se déployer dans toute sa sévérité? N'est-il pas tems enfin que ces écoles de calomnie, de prostitution & d'intrigue qu'ils ont tant multipliées parmi nous; ces écoles d'où s'élevent, comme des fléaux, toutes les opinions qui nous corrompent, & où se sont formés tant de complots contre les gens de bien, soient pour jamais détruites? Et seroit-il possible que des hommes qui, à la honte des mœurs se sont occupés d'y donner, avec tant de persévérance, des leçons trop funestes, pussent échapper encore à l'ignominieuse destinée qui devroit être depuis si long-tems leur partage?

Enfin, quelle opinion doit-on se former de M. Lenoir? peut-être seroit-ce ici le lieu d'examiner combien est souvent fatale à la société cette police trop vantée qu'il a dirigée si long-tems, & des ressources de laquelle il a si cruellement abusé contre moi. Peut-être seroit ici le lieu de rechercher, si la police en général ne devant être autre chose qu'un régime institué pour maintenir les mœurs & prévenir les crimes que la dépravation des mœurs enfante, notre police, avec ses précautions outrées, a véritablement atteint ce but si désirable (1). Il a été, je crois, suffisamment prouvé que les hommes ne peuvent être bons & heureux que par les mœurs; que les vertus publiques & particulieres ne regnent parmi eux, qu'autant qu'ils sont unis par les liens d'une confiance & d'une fraternité mutuelle, & qu'il n'y a pas des mœurs sans cette confiance & cette fraternité; il seroit donc vrai alors que c'est dans des ames solitaires, dans des ames que leurs passions ou leurs habitudes isolent de toutes les autres ames, que le crime se conçoit & se développe; il seroit donc vrai que toute institution qui concentre l'homme dans lui-même, qui opprime l'énergie douce & puissante qui le porte sans cesse vers ses semblables, offense les premieres loix de la morale & de la sociabilité, & le déprave de la maniere la plus rapide & la plus inévitable. Or, d'après cette idée, que faut-il penser de notre police? Que faut-il penser de cet espionnage affreux sur lequel elle s'appuye & qui m'a été si funeste? De cet espionnage qui seme le soupçon, le mensonge & la crainte jusques dans l'intérieur de nos maisons, qui oppose l'époux à

---

(1) Voyez les considérations de M. d'Argenson, sur le gouvernement de France.

l'épouse, le pere aux enfans, le maître aux domestiques, qui met le silence dans tous les cœurs & qui en empêche avec tant de sollicitude l'épanchement & l'abandon ? Que faut-il penser de cet espionnage nécessairement exercé par les hommes les plus vils & les plus corrompus ? Délateurs par état, vendus à l'intrigue, au crédit, à la puissance, dispersés par-tout pour troubler ou interrompre les habitudes qui nous unissent, veillant, qu'on me permette de le dire, à côté de chacun de nous, comme on veille à côté d'un accusé pour interprêter des paroles, tendre des pieges, surprendre des aveux ? Est-ce donc ainsi que les hommes veulent être gouvernés, & comment a-t-on pu mettre au rang des institutions bienfaisantes, un régime si désastreux ? Un régime qui inquiete, qui tourmente, qui désole toutes nos affections, qui, par une contradiction bien étrange, afin de nous empêcher d'être méchans, étouffe, en nous plaçant dans un perpétuel état de défiance les uns à l'égard des autres, tous les penchans qui peuvent nous rendre bons, & qui nous fait acheter un peu de repos, qui ne nous donne pas toujours, par la perte de toutes les jouissances simples & vraies que nous avoit prodiguées la nature (1) ?

---

(1) C'est aux administrations provinciales & municipales, que doit être confié le régime de la police ; c'est à ces institutions vraiment paternelles, destinées à faire revivre parmi nous l'esprit de famille & les vertus privées que nous n'avons plus, qu'il appartient de prévenir les crimes. Il faut rendre d'immortelles actions de graces au Monarque législateur qui, ayant médité avec soin sur les élémens de la félicité publique, s'occupe aujourd'hui avec

Mais il ne m'appartient pas de parler de toutes ces choses, & si je jette un coup d'œil en passant sur les vices nombreux d'une institution (1) qui plus qu'aucun autre a contribué à la dépravation des mœurs & à l'avilissement des caracteres, c'est que je veux qu'on remarque combien a été coupable l'homme en place, qui n'a pas craint d'employer toutes les ressources de cette institution meurtriere pour ma ruine. J'étois seul, & il disposoit d'un pouvoir formidable, & une armée de délateurs étoit à ses ordres pour troubler & empêcher mes démarches; j'étois innocent, & avec cette armée de délateurs qui devenoient à son gré

---

une persévérance si touchante d'établir parmi nous ces institutions salutaires; la nation lui devra son bonheur, comme elle lui doit déjà sa gloire, & il sera compté parmi le petit nombre des rois qui ont aimé le peuple, & qui n'ont été ambitieux, que de sa reconnoissance.

(1) Un des plus grands inconvéniens de cette institution, c'est de dépendre absolument pour le bien ou le mal qu'elle peut produire, du caractere & des passions de ceux qui sont à sa tête. Terrible aux gens de bien, quand des hommes méchans en disposent, funeste aux méchans, quand elle est dirigée par les gens de bien. Mais il ne suffit pas que le chef de la police soit integre & éclairé, pour qu'elle ne soit pas nuisible: il faut encore que ceux qui concourent avec lui au maintien de l'ordre public, ayent au moins une partie de ses vertus. Or un tel concert est bien difficile & bien rare. Il faudroit presqu'une autre police maintenant, pour surveiller les nombreux agens que notre police met en œuvre & les empêcher d'abuser de l'autorité subalterne qu'on est contraint de leur confier. Certainement, quoiqu'on en dise, il est possible de trouver un meilleur ordre de choses, pour assurer le repos de la société, & il faut tout espérer des intentions bienfaisantes du Souverain qui nous gouverne aujourd'hui.

autant d'organes de calomnies, il me poursuivoit par-tout comme une homme justement soupçonné, dont il étoit important de déconcerter les projets; j'étois persécuté, & il s'unissoit à mes persécuteurs pour me dépouiller de mon honneur & de ma fortune, pour éteindre dans la douleur mes réclamations; j'étois pere, j'étois époux, je l'implorois pour mes enfans, pour leur mere égarée; & il s'occupoit d'égarer la mere davantage, & il désoloit le pere & les enfans, & sans remords, sans pitié, il préparoit à tous une destinée malheureuse. Et cependant, l'autorité dont il usoit pour me perdre ne lui avoit été confiée que pour me protéger; il ne devoit s'en servir que pour assurer la paix des familles & réprimer les désordres; il ne pouvoit en faire un instrument de vengeance contre un homme dont la conduite irréprochable lui étoit bien connue, sans qu'il ne fût contraint de s'avouer à chaque instant à lui-même, qu'il commettoit le plus odieux de tous les crimes; le crime de la force qui foule lentement la foiblesse & qui lui ôte jusqu'à la triste liberté de se débattre sous le poids d'oppression qui l'étouffe.

» Ministres des loix, comme vous, cet homme impitoyable est revêtu du caractere auguste de magistrat; vous voulez que ce caractere demeure respectable aux peuples, & vous voyez ici qu'il l'a profané avec autant de persévérance que de scandale; ce n'est donc pas à moi, c'est à vous qu'il appartient de provoquer comme de prononcer sa condamnation. Je vous le dénonce & je me tais; & tandis que je poursuivrai les autres coupables, j'attendrai avec la société entiere dont il a blessé tous les droits en ma personne, ce qu'en une circonstance si éclatante, ordonnera votre impartiale & sévere équité, pour l'effroi des hommes qui abusent de leur puissance, pour la consolation des infortunés qu'ils oppriment, pour le maintien de l'ordre public dont vous vous glorifiez d'être les gardiens & les vengeurs. »

J'ai fini, & je sens un peu de paix dans mon cœur : & tous les devoirs, qui m'étoient imposés sont remplis. J'ai écarté de mon front l'opprobre, dont on l'avoit couvert ; mes enfans pourront prononcer le nom de leur pere sans rougir, & la honte ne descendra pas avec moi dans le tombeau. Quand je ne serai plus, (cette idée consolante appaise toutes mes douleurs) mes enfans n'auront donc pas à redouter l'avenir terrible que leur préparoient mes barbares oppresseurs. L'opinion honorable dont je m'environne en cet instant, se maintiendra long-tems à côté d'eux, pour protéger leur foiblesse : on ne verra pas, sans la plus vive & la plus tendre émotion, ces malheureuses victimes d'une persécution si cruelle & si long-tems prolongée : tous les hommes, qui liront cet écrit, se presseront autour d'eux, pour les défendre ; tous les magistrats, qui vont être mes juges, veilleront avec inquiétude sur leur destinée : le Souverain qui régit cet empire & qui prépare à la nation une législation plus douce & des jours plus heureux, deviendra leur pere. Prosternés aux pieds de son trône, pleins du sentiment de mes malheurs, baignés des larmes que leur arrachera le souvenir d'un infortuné, qui n'a supporté la vie, que pour les garantir du sort funeste auquel on les avoit dévoués, ils éleveront vers lui leurs mains innocentes ; ils lui montreront mes dernieres pensées : hélas ! les pensées que dans ma désolation profonde, n'espérant pas vivre assez pour les diriger dans leurs jeunes années, je rassemblois, mourant de tristesse & d'inquiétudes, afin de fortifier leur courage naissant, contre les longues adversités auxquelles je les voyois en proie, afin de leur conserver, s'il étoit possible encore, au milieu de la dépravation dont ils alloient être environnés, toutes les vertus dont j'avois développé le germe dans leur cœur (1). Il sera ému le pere des peuples ! Du haut de son trône, il laissera tomber sur mes enfans un regard de consolation & de pitié ; en réfléchissant sur tous les détails de ma déplorable histoire, il concevra des pensées dignes de lui, dignes d'un Monarque législateur ; dans un seul événement, il verra le vice ou l'insuffisance de la plûpart des institutions qui nous régissent ; il assurera par des loix sages, les mœurs, sans lesquelles il n'est pas de paix, de vertu, de bonheur parmi les hommes ; l'ordre domestique & social se rétablira sur ses bases véritables ; un grand exemple sera donné aux nations, un grand modele

(1) Mes pensées sur l'éducation de mes enfans, & mes projets pour les soustraire à la persécution de mes ennemis, je les avois déposées dans les mains de la personne qui, après mon assassinat, s'est décidée à rester auprès de moi pour m'aider de ses conseils ; en même tems comptant sur son courage & sur son attachement, & regardant ma fin comme prochaine, je lui avois légué la défense de mes enfans & l'exécution de mes plans pour leur bonheur. Il avoit accepté ce legs honorable, & dès ce moment il a pris à mes enfans l'intérêt d'un pere & d'un ami.

aux souverains ; & au milieu de mon chagrin ; je sentirai quelque joie, ou du moins je n'aurai pas souffert inutilement pour mes semblables.

» Providence éternelle, laisse dans mon sein cette derniere espérance : tu as rempli d'amertume une ame que tu semblois avoir destinée aux affections les plus douces ; tu m'as fait marcher dans des routes terribles. Isolé de tous les hommes, tu m'as mis aux prises avec le malheur, avec le malheur obscur & solitaire. Quand je succombois sous les coups de mes implacables ennemis, aucune voix ne répondoit à ma voix ; aucune pitié ne consoloit mon cœur ; mes plaintes se perdoient dans un épouvantable silence, & comme un voyageur tombé sous le fer d'un assassin dans une contrée déserte, seul, il me falloit chercher un remede à mes douleurs ; & des mains sécourables ne versoient point de baume sur mes blessures. »

» Ah ! je ne murmure pas de ta rigueur ! Sans doute ici-bas le désordre des volontés a sa mesure, comme le désordre des élémens ; & un moment arrive où par de hautes leçons tu avertis les hommes du degré de perversité où ils sont parvenus. Alors quelquefois, pour les instruire, tu composes une grande infortune ; un tombeau s'éleve entr'eux & toi ; un malheureux, victime innocente des opinions qui les égarent, descend avec éclat dans ce tombeau, & la compassion & l'effroi se répandent dans toutes les ames ; & le mouvement des passions & des préjugés s'arrête : tous s'éloignent du systême d'erreurs auquel ils avoient jusqu'alors obéi, comme on fuit des ruines menaçantes ; tous cherchent avec inquiétude d'autres institutions, d'autres loix, d'autres maximes ;

au milieu de la désolation universelle ; enfin le jour paisible de la vérité paroît, un meilleur ordre de choses s'établit, & pour quelques instans du moins l'humanité respire ».

» C'étoit donc pour apprendre aux hommes, par un événement mémorable, jusqu'à quel point la dépravation des mœurs, & l'oubli des premiers principes de la nature peut leur devenir funeste, que tu m'avois appellé à l'existence. Hélas! encore un petit nombre de jours, & ma pénible tâche sera remplie, & tu recevras dans ton sein un infortuné que tu as frappé depuis long-tems d'une plaie mortelle, pour lequel il n'est plus de paix, plus de bonheur sur la terre, mais qui se soumet avec résignation à son sort, puisqu'un peu de bien peu résulter pour ses semblables, de sa longue & douloureuse affliction ; au moment où tu le soulageras du fardeau de la vie : ah! sans doute tu exauceras sa derniere priere. La priere de l'homme, opprimé pour la justice, doit être puissante devant toi. Je t'implorerai encore une fois : oh! oui, je t'implorerai pour ma malhèureuse épouse ; tu récevras en expiation de ses fautes tous les maux que j'ai souffert : quand le repos éternel commencera pour moi, tu mettras un peu de repos dans son cœur aujourd'hui si cruellement agité. Hélas! combien elle est à plaindre. Ah, ne réserve l'indignation des gens de bien que pour ses lâches séducteurs! Que par-tout elle trouve l'intérêt profond que sa situation doit inspirer ; que les femmes qui chérissent la vertu, pleurent sur la destinée de cette femme autrefois si vertueuse & si tendre ; que toutes ne voyent en elle qu'un exemple déplorable du pouvoir des passions sur une ame impétueuse, mais cependant douce & sensible ; que toutes l'aiment & la consolent, qu'elle vive environnée de l'estime qu'elle peut mériter encore ; que ses remords s'appaisent ; que ses regrets s'adoucissent ; & que des jours moins malheureux succedent aux jours d'amertume & de douleur qui sont maintenant son partage.

JE déclare que tous les faits contenus dans ce Mémoire sont véritables, qu'il me reste à en exposer beaucoup d'autres d'une espece aussi extraordinaire & qui serviront à développer le systême de persécution dont je suis encore l'objet (1). *Je demande aux jurisconsultes de Paris & d'Alsace, en conséquence de ces faits, des réflexions qui les accompagnent, & des pieces justificatives qui viennent à l'appui des faits, quelle est la conduite que je dois tenir dans les circonstances où je me trouve, & quel est le genre de défense qu'il me convient d'adopter, pour obtenir la justice que je réclame.*

Paris, le 20 Février 1787.

G. KORNMAN.

---

(1) Entr'autres faits dont je rendrai compte, je développerai tous ceux qui sont relatifs à mon intérêt dans l'affaire des Quinze-Vingts : je ferai connoître avec le plus grand détail les manœuvres criminelles du S. Séguin que j'ai à peine nommé dans ce Mémoire ; on verra à quel degré d'audace & d'imposture peut se porter un homme malhonnête, lorsqu'il est soutenu par une faction d'hommes, disposant d'un grand crédit, & qui n'ont pas l'habitude de se déterminer dans leurs démarches par de meilleurs principes que les siens.

PIECES

PIECES JUSTIFICATIVES.

Il est important de lire ces Pieces.

EXTRAIT des Lettres du Sieur DAUDET *à la Dame* KORNMAN.

3 juillet 1781.

Je pars, ma chere petite ; c'en est fait, dans dix minutes je vais m'éloigner de toi.... M'éloigner de toi ! cette idée m'attriste au-delà de l'expression ; mais une seule chose me console, si je subis cette cruelle privation, c'est que je vais m'occuper de notre commun bonheur, songer à nous rejoindre, à *t'affranchir*, à vivre heureux l'un pour l'autre ; j'ai grand besoin de *véhicule* pour soutenir mon courage.

Prends garde aux personnes qui voudront *manœuvrer un raccommodement* pendant mon absence.... C'est à toi, mon amour, à montrer beaucoup d'éloignement, à ne pas recevoir beaucoup de ces *pacificateurs.* Conserve la même mesure vis-à-vis de ton mari. *Livre-toi à moi sans réserve*, je vais ne suivre que cet unique plan.... Tous les couriers te porteront de mes nouvelles, tu mettras tes lettres à la petite poste. *L'abbé les recevra & les fera partir.*

Saint-Quentin, 4 juillet 1781.

Je suis bien curieux de savoir la conduite que tiendra *ton monsieur* quand il va me savoir parti. Observe-le bien, *& ses espions.* Conçois-tu qu'il paye un drôle pour savoir où tu vas ? Je présume que c'est le même fidele qui lui a servi *pour le monsieur de la rue des Bons Enfans*..... Son grand tourment va être de savoir comment *nous correspondrons*, & c'est ce *qu'il faudra* *lui dérober soigneusement*; ne laisse traîner aucun papier. Donne tes lettres à garder à mademoiselle D.... Il sera bien fin s'il nous devine. Je pense que tu as écrit à mademoiselle de V.... & à ton petit frere....

Ne manque pas de visiter *l'autre petite veuve*; dis-lui bien des choses de ma part. *Quand reverrons-nous en quatuor le port de la Rochelle? Mais ne voilà-t-il pas qu'il sortira un petit matelot de ce port? Il me tarde bien de savoir à quoi m'en tenir sur cet objet*..... Il ne faudra pas manquer d'aller dans dix à douze jours chez *Seiffert*. Il est indispensable de savoir à quoi s'en tenir; mais quel que soit l'oracle qu'il prononce, ma tendre amie, je te serai attaché toute ma vie ..... Ménage un peu ta santé, Seiffert te prescrira un genre de vie, il faudra s'y conformer.....

Bruxelles, le 6 juillet 1781.

Je suis arrivé ici, *ma chere Cumithie*, fort excédé de la chaleur ..... On a frappé pour l'Empereur une médaille qui lui est parfaitement ressemblante, je te l'envoie, ma chere petite, c'est pour entretenir l'amitié.

Mon Dieu, qu'il me tarde de recevoir de tes nouvelles! J'en aurai sûrement mardi. Je compte les jours sur mes doigts. Ma chere enfant, il n'y a de bonheur que près de toi, mon *unique soin est de nous réunir pour vivre heureux & tranquilles. Cette perspective me fait supporter avec courage les tourmens de l'absence*, le tracas des affaires. Je vais faire de mon mieux pour réussir, & puis le roi ne sera pas plus heureux que moi, si tu m'aimes toujours.

Ne t'écarte pas du plan arrêté entre nous; prends bien garde, ma chere, à ce moment-ci, il est décisif pour nous. On cherchera *à t'amadouer*, on t'environnera. *Refuse-toi aux sociétés; ne te livre qu'à madame de B.* Garde-moi ton cœur, ma chere bonne. Je te jure que je ne suis occupé que du soin de le conserver.

Je te recommande bien à mademoiselle Dupont; je lui rapporterai une jolie robe de toile de ce pays.

. . . .

. . *Post-scriptum rempli de phrases obscenes.* . .

. . . La Haye, 10 juillet 1781.

Que les assûrances que tu me donnes, ma chere bonne, de la continuation de ta tendresse, me flattent! J'en ai bien besoin pour soutenir mon courage. Cette absence me coûte infiniment, mais je la regarde comme un sacrifice à notre réunion. Crois, ma bonne petite, que c'est mon unique but, mon unique desir. J'ai médité ce plan pendant toute ma route, elle charmoit les tourmens de l'éloignement & l'ennui du chemin.

Sûrement ton mari sait mon voyage, & en ce cas, c'est Livrezanne qui le lui aura appris. Il faudra bien lui marquer mon retour; toi, sur-tout, ne change pas de plan de conduite.

Mon Dieu, que je voudrois t'épargner tes souffrances; c'est une singuliere chose que le sentiment qui s'éleve en moi *au sujet de ton état, j'en suis fâché & bien aise; & si je dois te dire vrai, plus aise que fâché.*

Tu peux m'écrire sous double enveloppe, à monsieur Dusauzet le fils, à la Haye; mais fais mettre l'adresse par mademoiselle D. . . . . & remercie-la bien de son souvenir. . . . .

. . . .

. . . .

. . . *Phrases obscenes.* . . .

La Haye, 13 juillet 1781.

. . . . Je suis pour la plupart du tems chez moi renfermé à lire, à écrire, *à songer à toi, à regarder ton portrait*, à desirer l'original. Je presse tout afin de retourner plutôt. . . . . figure-toi donc mon supplice. Pas de nouvelles & sans espoir d'en avoir avant mardi. Il y a de quoi mourir mille fois. *Je te prie, je te conjure*, ma bonne, de m'écrire, quand ce ne seroit que deux mots.

Comment se porte madame de B..... je pense que tu la vois, & que les deux petites veuves se consolent mutuellement.

Il y a beaucoup de cousins qui m'ont piqué, j'ai vingt-sept cloches sur la main droite. . . . .

. . . .

. . . .

Le reste ne peut se transcrire. . . .

. . . .

. Je donnerois ces belles prairies, ces beaux canaux, (de ses châteaux en Espagne) pour un carreau de réverbere qui éclaire une certaine croisée, & qui a quelquefois éclairé.

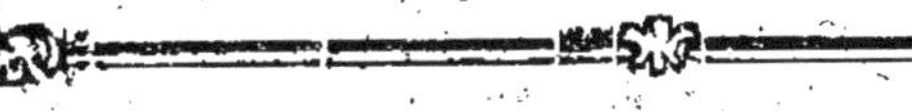

La Haye, 14 juillet.

Mon cher amour. . . . . Je t'aime à la passion. Je m'occupe jour & nuit de presser mon retour.

La Haye, 17 juillet 1781.

Les procédés de ton tyran sont indignes, mais il faut louvoyer. *Le jour des vengeances n'est pas loin*; tu seras dans peu *affranchie du joug.*

Ménage ta santé, & quant à ce qui tient *si bien, tant mieux ;* puisque cela est ainsi, c'est un lien de plus. Mille tendres complimens à madame de B..... Quand reviendra son cher amant ? *Je me réjouis bien de nos quatuor.*

Amsterdam, 19 juillet 1781.

Je m'occupe de grands moyens pour le grand événement ; toutes mes idées tendent là, parce que c'est le premier mobile de mon bonheur. . . . Voici bientôt l'époque où les sorties seront nécessaires pour nous réunir. *Il ne faut pas que le tyran* voie des variations dans notre conduite.

Comment se porte le petit matelot ? J'y rêve nuit & jour. . . . .

Amſterdam, 20 juillet 1781.

Je remets à mon retour à traiter *de la grande affaire de ta délivrance*. Je n'ai qu'un mot à te dire : le jour où *je ne ſacrifierai pas tout pour ton bonheur, ton repos & ta liberté, regarde-moi comme une ame vile & baſſe, indigne de toi.*

Lettres dont Varin a été trouvé ſaiſi chez le commiſſaire Vanglenne.

D'un yacht, entre Utrecht & Leyden, 23 juillet 1781.

Comment va la ſanté, ma chere bonne ? L'enraciné te fait-il toujours mal au cœur ? Je ſonge ſouvent à lui. . . . .
Il faudra nous occuper à amener cela à bon port, mon cher amour, *nos deux ames ſe ſont accrochées*. Il faut qu'elles reſtent unies pour notre commun bonheur.

La Haye, 24 juillet 1781.

. . . . . Tu as bien fait d'avoir emmené d'autorité tes enfans. Mais toute cette guerre doit finir pour ton repos. *Nous frapperons les grands coups à notre retour.*

Je joins un projet de lettre pour le philiſtin (1). Nous reverrons encore le bois de Boulogne, notre maiſon de campagne, & le petit cabinet bleu. Bientôt, bientôt, ma chere bonne, je t'aſſure que mon impatience égale la tienne.
. . . *phraſes obſcenes.* . . . .
. . . .
. . . .

(1) *Le frere aîné de la dame Kornman.*

Projet de lettre ci-dessus annoncé.

Mon silence, mon cher frere, a dû vous expliquer ma façon de penser sur vos procédés envers moi. Epargnez-moi des moralités qui sont une offense nouvelle, & ne prodiguez pas des protestations de tendresse fraternelle si cruellement démentie. J'ai fait vos commissions, &c.

Couper court & terminer sans complimens.

Lettre du frere de la dame Kornman, envoyée au sieur Daudet, pour avoir le projet de réponse ci-dessus, & renvoyée par ce dernier, avec le projet de réponse.

Bâle, le 13 juillet 1781.

Je suis fâché, ma chere sœur, de ce que tu ne daignes pas répondre à ma derniere, du 28 mai dernier, & que notre maniere de penser ne puisse s'accorder. Il faut s'en remettre au tems, avec le secours duquel je me flatte que nous serons convaincus, qui des deux a tort. En attendant, sois persuadée que je conserve toujours pour toi une amitié fraternelle, & que *c'est elle qui me fait te prier d'abandonner ta maniere de te conduire, & de sortir du précipice, où tu te jettes, si tu n'en es dehors.* Privé de vos nouvelles, je serois au comble de la joie, *si votre réunion en étoit la cause*, &c.

La Haye, 26 juillet 1781.

. . . .

Ne m'écris plus après la réception de cette lettre, nous nous dirons le reste de bouche. Entends-tu bien ce que ce mot a d'agréable ?

Je pars fort content, j'ai fait de mon affaire ce qui étoit faisable, le reste se conclura à Paris.

Ne prends aucun engagement pour dimanche cinq. Si je calcule, nous pourrons passer la journée ensemble, &c.

27 juillet.

Ma chere amie, je partage bien vivement tout le chagrin que doivent te donner les mauvais procédés de ton tyran, *il n'y a plus de ménagement à avoir avec lui*, il faut donc lui *montrer une fermeté décidée*. Prends sur toi-même de mépriser toutes ces petites attaques, ressource des ames foibles. Cette persécution éphémere n'aura qu'un tems. Il faut lui rompre en visiere devant tout le monde, & lui faire un peu de peur; car il est poltron.

Fais prendre au caveau du chocolat, que *tu feras faire chez toi, & fais le chercher sous son nom; quand tu l'auras, tu lui diras publiquement qu'il ait à le payer, que tu lui as apporté assez de bien pour cela.*

Hélas! tu me parles toujours *de la sottise.... .... Vraiment, je la sens comme toi, mais tu sais comment cela est venu, & certes, nous pourrions chanter tous deux la chanson: Mais ce n'est pas ma faute à moi.* Enfin, la chose est faite, il faut y porter le meilleur remede.

.... Ne lui fais pas de guerre particuliere, mais une attaque publique &c. &c.

Bon voyage à ce vilain PP. nous aurons meilleur marché de l'autre, quand il n'aura plus ses conseillers à ses trousses. *Le grand-vicaire* (1) le suivra aussi, & il n'y a pas grand mal d'être débarrassé de ces *deux sinistres personnages, au moment du grand combat.*

(1) *Monsieur l'abbé Georget.*

Extrait de l'interrogatoire subi par la dame Kornman, lors de sa détention, chez les dames Douai, devant le commissaire Vanglenne.

8 août 1781.

Art. 7. A dit que c'étoit monsieur le baron de Spon, premier président de Colmar, qui avoit présenté le sieur Daudet à son mari, lequel lui a donné entrée dans sa maison par la suite.

Art. 9. Que ledit sieur Daudet s'est lié particuliérement d'amitié avec elle répondante.

Art. 10. Qu'elle sait que ledit sieur Daudet étoit ancien syndic royal de la ville de Strasbourg, qu'elle ne sait & n'a jamais su ce qu'il faisoit à Paris, & qu'elle sait qu'il demeure Chaussée d'Antin.

Art. 11. Qu'elle a été plusieurs fois chez ledit sieur Daudet à l'insu dudit sieur son mari, ou au moins, qu'elle présume que son mari n'en savoit rien.

Art. 12. Que comme elle ne disoit pas audit sieur son mari où elle alloit, elle s'est rendue chez ledit sieur Daudet à l'insu de son mari, que de peur que *personne ne l'apperçût*, elle est entrée chez ledit sieur Daudet par la porte de derriere de sa maison ; qu'il est vrai aussi, qu'elle a dîné une seule fois en tête à tête avec lui.

Art. 19. Qu'il est vrai, qu'avant ses liaisons avec ledit sieur Daudet, ledit *sieur son mari ne lui refusoit rien*, ni en deniers comptans, ni en autre chose, parce que ledit sieur son mari savoit le bon usage qu'elle en faisoit.

Art. 20. Qu'il est vrai que ledit sieur Daudet lui a écrit différentes lettres, & qu'elle en a dressé plusieurs audit sieur Daudet.

Art. 21. Qu'elle remettoit les lettres qu'elle écrivoit audit sieur Daudet, à la fille Dupont, sa femme-de-chambre, laquelle les portoit à la femme Sauvage, demeurant Boulevard du Temple, chez Lutton, au café de Malthe, où le nommé Varin, domestique dudit Daudet les prenoit, pour les remettre audit Daudet ; & que les lettres du sieur Daudet, pour elle répondante, étoient remises par ledit Varin, où Charles, domestique, alloit les prendre & les remettoit, ou à la fille Dupont, femme-de-chambre d'elle répondante, de qui elle les tenoit ; ou les remettoit directement à la répondante.

Qu'il est vrai que depuis & quoique ledit Saint-Louis Art. 23.
ne fût plus à son service, il continuoit toujours à porter audit sieur Daudet, directement ou indirectement, les lettres qu'elle répondante, lui écrivoit ; ou les lettres que ledit Daudet écrivoit à ladite dame, répondante ; & que c'étoit elle qui payoit ledit Saint-Louis, à raison de vingt-cinq sols par jour, pour sa nourriture ; & ses gages, sur le pied de cinquante écus par an, quoi qu'il ne fût plus à son service.

Qu'elle ne sait pas si elle est enceinte, mais que si Art. 35.
elle est enceinte, *ce n'est pas des œuvres du sieur Kornman.*

Qu'il est vrai que, pressée différentes fois par ledit Art. 36.
sieur Daudet, elle a eu la foiblesse de céder à ses desirs.

Que c'est de cet objet qu'a entendu parler le sieur Art. 37.
Daudet, dans sa lettre numérotée 10. (Hélas tu me parles toujours de la sottise, vraiment je la sens comme toi : mais tu sais comment cela est venu).

Que si elle est grosse, elle l'est environ de deux Art. 38.
mois.

Qu'elle présume que le sieur Daudet entend parler Art. 39.
de l'enfant dont elle *est enceinte de ses œuvres*, (par sa lettre numérotée 9, où il dit : j'espere que la ressemblance dont tu me menaces, n'aura pas lieu.)

Que si la lettre de son frere de Bâle se trouve avec Art. 48.
les lettres du sieur Daudet, c'est parce qu'elle, répondante, avoit envoyé cette lettre audit sieur Daudet, en Hollande, où il étoit.

Qu'il est vrai que ledit sieur son mari ne lui laissoit Art. 50.
jamais manquer d'argent, ni de rien de ce qu'elle pouvoit desirer, mais qu'il avoit beaucoup d'humeur, & qu'il donnoit la préférence à ses domestiques sur elle ; & qu'il l'avoit soupçonnée à faux plusieurs fois de lui avoir été infidelle.

Lettre de la dame Kornman, écrite du lieu de sa détention, à son mari.

Je suis très-affligée, mon ami, de voir que tu ayes cru nécessaire d'employer une voie violente pour me convaincre de l'amitié que tu te vantes d'avoir pour moi. Tu connois mon cœur, il est sensible & reconnoissant. J'aurois été flattée que tu m'eusses marqué moins de rigueur. Si pendant un tems je t'ai paru m'éloigner de toi, c'est sans inclination, & plutôt pour avoir écouté des conseils pernicieux. Ainsi donc, si tu veux oublier ce qui a pu te déplaire dans ma conduite, moi de mon côté je ne négligerai rien de ce qui pourra nous attacher l'un à l'autre. J'espere te voir demain; je le desire & serois charmée de commencer une réunion que rien ne pourra rompre. Il est fâcheux de former ces desirs dans les liens où je me trouve, cela leur donne un air suspect: cependant je l'ai fait en tout tems, & rien mieux que l'avenir pourra t'en convaincre. J'oublierai à jamais que c'est d'ici que je t'ai écrit: je ne veux pas m'en repaître l'idée; je trouve que c'est indigne de toi & de moi. Enfin, j'espere que la suite sera plus agréable pour l'un & l'autre, & que, ce nuage étant dissipé, le reste de nos jours seront sereins & heureux.

Monsieur le Noir vient de me faire la grace de venir me voir. Il m'avoit flattée dans sa derniere visite, qu'à la premiere il seroit accompagné de toi. J'ai eu la douleur de le voir arriver seul; il l'a augmentée, en me disant que tu t'étois refusé aux sollicitations qu'il t'avoit faites. Je te supplie, au nom de tout ce qui peut te toucher, au nom de nos enfans, de ne pas t'obstiner à ne plus venir. Je t'attends ce soir: je mourrois de chagrin si j'étois trompée dans mon espoir. Tu as le cœur bon & tendre; mille fois tu as dit ne vouloir faire de peine à personne. J'avoue que j'ai mérité ton courroux; mais je renonce pour la vie à tout ce qui peut te déplaire. J'ai pris la résolution bien ferme de vivre pour te rendre heureux; mets-moi de grace à même de te donner la preuve convaincante que je compte exécuter tout ce que je te promets. Adieu, mon cher ami, oublie tout ce qui peut t'aigrir contre moi, & ſonge au bonheur qui nous attend, en vivant l'un pour l'autre.

Lettre à monſieur le comte de Maurepas.

MONSEIGNEUR,

Je ſuis encore forcé d'avoir recours à votre juſtice dans la ſituation fâcheuſe où je me trouve. Vous vous rappellez, monſeigneur, qu'il a été jugé convenable, pour ſouſtraire mon épouſe à la ſéduction de monſieur Daudet, de la placer dans un lieu de ſûreté, où toute communication avec cet homme dangereux lui fût interdite, & qu'en conſéquence, elle a été conduite, par ordre du roi, chez les dames Douai.

Cette précaution, quelque ſage qu'elle ſoit, demeurera certainement ſans effet, ſi on ne prend des meſures efficaces pour s'oppoſer aux entrepriſes du ſieur Daudet. Depuis qu'il eſt de retour de Hollande, je ſuis inſtruit qu'il n'eſt aucune reſſource qu'il n'emploie pour ſe mettre de nouveau en poſſeſſion de ſa victime.

Sans doute il exiſte pour moi un moyen de diſſiper ſes complots. Vous ſavez, monſeigneur, que les diamans de ma femme ont été dépoſés par le ſieur Daudet au Mont-de-Piété, & que ce fait ſuffit pour que je puiſſe le pourſuivre comme coupable d'eſcroquerie. Vous ſavez de plus, que ſes lettres démontrent que c'eſt un ſéducteur d'une eſpece d'autant plus redoutable, que ſi on ne l'eût arrêté dans ſes projets, ſon deſſein étoit de recourir contre moi aux voies les plus criminelles, pour parvenir à ſes fins.

Je ſuis donc ſuffiſamment autoriſé à implorer le ſecours des loix, & je vois bien ſi je m'adreſſe aux tribunaux, il eſt impoſſible que le ſieur Daudet puiſſe ſe ſouſtraire aux peines graves qu'il a méritées. Mais une démarche de cette eſpece me répugne abſolument, parce que je ne puis publiquement attaquer le ſieur Daudet, ſans compromettre, d'une maniere fâcheuſe, la réputation de la mere de mes enfans.

Vous n'ignorez pas, monſeigneur, juſqu'à quel point j'ai porté l'indulgence envers mon épouſe. Je n'ai pas besoin de vous répéter qu'il n'entrera jamais dans mon cœur de chercher à me venger d'elle, & que jusqu'à présent, tout ce que j'ai fait, n'a eu pour objet, en la rappellant à elle-même, que de la soustraire aux dangers dont je la vois malheureusement environnée.

Dans ces circonstances, monseigneur, il me semble que je n'ai rien de mieux à faire que de vous supplier de vouloir bien donner des ordres pour qu'on enchaîne l'activité fatale du sieur Daudet : le cri public s'éleve contre cet homme, & il me semble qu'il est tems de réprimer avec sévérité son audace bien connue. Alors j'aime à croire, monseigneur, que mon épouse, n'obéissant plus à ses conseils, reviendra facilement à ses devoirs, & la paix de ma maison sera votre ouvrage.

Je suis avec respect, &c.

Lettre adressée à la dame Kornman, par son mari, par l'entremise de monsieur Lenoir, lieutenant-général de police.

MADAME,

La démarche que je fais auprès de vous est la derniere qui me reste à faire. Forcé pour me défendre de vous accuser d'un crime, & placé par votre faute dans une situation où je ne peux vous conserver l'honneur, sans me perdre dans l'opinion publique, il faut que je fasse un dernier effort sur votre ame, non plus pour vous rappeller à des devoirs qu'il vous seroit amer de remplir, mais pour vous inviter à prévenir la honte qui vous attend, & l'existence malheureuse & déshonorée à laquelle toutes les loix vous condamnent.

Vous vous êtes rendue coupable d'adultere, & les lettres de votre séducteur, & vos propres aveux & les témoins que je puis faire entendre, suffisent pour établir ce chef d'accusation contre vous.

Vous vous êtes rendue coupable de diffamation, & ce délit est prouvé par la requête que vous avez présentée au châtelet ; requête où, sans articuler aucun fait, vous vous êtes efforcée par des imputations calomnieuses, de porter à mon crédit une atteinte mortelle.

Ce n'eſt pas tout ; on frémira d'apprendre que depuis que vous n'écoutez plus que la voix de l'homme déteſtable auquel vous vous êtes abandonnée, il n'y a point de repos, point de ſûreté pour moi, même dans ma propre maiſon ; on ſaura que, non content de m'environner d'eſpions pour acquérir une connoiſſance exacte de mes démarches, on a porté la trahiſon juſqu'à vouloir corrompre les gens qui me ſervent, qu'on les a même quelquefois corrompus ; on ſaura qu'il n'exiſte plus de jours pour moi où l'on ne m'avertiſſe de craindre, & où en effet je n'aie quelque événement à prévoir, ou quelque piege à éviter.

Enſuite on reviendra ſur cette requête où, vous dépouillant de tous les ſentimens d'une mere, vous annoncez que vous vous réſervez la liberté de pourſuivre en tems & lieu, & pardevant les juges qui doivent en connoître, la caſſation de votre mariage, on relira les lettres de votre ſéducteur, ces lettres où après pluſieurs phraſes ambiguës, & des obſervations criminelles ſur la foibleſſe & le dérangement de ma ſanté, il déclare que le jour des vengeances n'eſt pas venu, mais qu'il n'eſt pas loin, & qu'il ne vient à Paris que pour frapper ce qu'il appelle les grands coups, c'eſt-à-dire, comme il s'explique lui-même, pour vous délivrer à jamais de l'époux importun que vous haïſſez.

Et alors, s'il n'eſt pas prouvé que vous avez voulu vous rendre coupable d'un troiſieme crime, du moins on dira que vous êtiez parvenue à ce degré d'égarement & de paſſion où ce crime étoit poſſible pour vous, & quoique je faſſe, je ne réuſſirai plus à vous garantir de l'opprobre qu'une telle opinion entraîne infailliblement après elle.

Ainſi donc, madame, je puis vous perdre ; il y a plus, je ne peux faire un pas, pour échapper aux circonſtances dans leſquelles je me trouve, ſans qu'une force à laquelle vous réſiſterez en vain, ne vous entraîne vers un abyme dont je crains bien que vous n'apperceviez trop tard toute la profondeur. Dans de telles circonſtances, il eſt de mon devoir de vous avertir du danger auquel on vous expoſe.

J'ai fait tout ce qui dépendoit de moi pour vous ſouſtraire à ce danger. Je n'ai pas beſoin de vous rappeller combien de fois avant votre détention, j'ai eſfayé de vous détourner de la route fatale dans laquelle on vous a fait marcher. Vous n'avez pas oublié des conseils que vos remords ont sans doute contribué à graver dans votre cœur ; mais voici des choses que vous ignorez, & qu'il est bon de vous apprendre ; c'est que tandis que vous vous abandonniez avec une coupable légéreté à des démarches qui avoient ma perte pour objet, je m'occupois moi du soin de vous préparer un avenir moins malheureux que celui qui vous est destiné. Je savois que si je me voyois dans la nécessité cruelle de révéler l'affreux secret qui repose dans mon sein, il ne me resteroit plus de ressource pour vous sauver, & j'ai mis tout en œuvre pour qu'aucune circonstance ne me forçât de rompre le silence auquel je m'étois condamné : voilà pourquoi j'ai demandé avec tant d'instance que la contestation que vous m'avez suscitée fût portée devant les juges de mon domicile. Il m'a paru que loin de la capitale, en me défendant, je vous ferois des blessures moins profondes ; & que peut-être je pourrois m'épargner la douleur de vous accuser d'un crime dont toutes les preuves sont absolument acquises, & à la punition duquel il me semble bien difficile que vous puissiez vous soustraire. On vous a dit sans doute que je n'agissois ainsi que parce que je redoutois le crédit de mon adversaire. Les bureaux des ministres & les cabinets des magistrats ont retenti de mes plaintes. Sûrement, ni les ministres, ni les magistrats n'ont vu en moi un homme pusillanime. Je doute même qu'on puisse, dans une situation difficile, réclamer ses droits avec plus d'énergie & de fermeté que je l'ai fait.

Croyez donc que mes démarches n'ont pas eu la crainte pour motif ; mais je connois mieux que vous le sol mouvant sur lequel vous allez marcher. Je vous vois environnée d'hommes qui font peu de cas de votre réputation, qui ne veulent de vous, que votre fortune, & qui ne travaillent à vous procurer une liberté funeste, que parce qu'il leur importe que vous deveniez la victime de leurs projets ambitieux, ou l'instrument de leurs plaisirs criminels.

Il m'a paru que je devois faire un effort pour qu'il n'existât plus entr'eux & vous que des rapports éloignés ; j'ai pensé qu'alors rendue à vous-même, & n'obéissant à aucune autre impulsion qu'à celle de votre esprit, vous ne réfléchiriez pas sans frémir sur votre position, & que s'il vous en coûtoit de recourir directement à moi pour la rendre moins difficile, du moins vous vous environneriez de gens assez éclairés & assez honnêtes, pour vous empêcher d'en accroître le danger par de nouvelles imprudences.

J'ignore quelle sera la décision des magistrats sur la demande que je leur ai faite du renvoi de ma cause à Strasbourg; mon droit est si certain, qu'il est impossible que ce renvoi me soit refusé; mais quelle que soit leur décision, il convient que je vous prévienne de ce que je me propose de faire dans le cas, où vous persisteriez dans vos premieres démarches.

Je ne doute pas qu'on ne vous ait persuadé qu'une femme, jeune encore, & rassemblant quelques qualités pour séduire, est un être puissant devant lequel les loix se taisent, & qu'il n'est pas décent de trouver coupable; mais moi qui suis convaincu que les loix ne se taisent que lorsqu'on ne les invoque pas, moi qui sais que ma cause est celle de tous les peres, je vais plus loin, de tous les hommes, car il importe à tous les hommes que leur sûreté ne soit pas compromise; je ne pense pas que votre crédit me devienne jamais redoutable, & j'ai une trop haute opinion des magistrats qui doivent nous juger, pour imaginer qu'ils puissent balancer un instant entre vos moyens & mes raisons.

Or je dirai tout. Je vois par votre requête que votre objet est de parvenir à une séparation de corps & de biens, & cette séparation vous ne pouvez la demander qu'en m'imputant des faits graves. Vous ne prouverez pas ces faits. Mais vous me les imputerez, & moi pour y répondre, je me verrai dans la nécessité de vous accuser à mon tour.

Vous avez vu de quels crimes je peux vous accuser, vous savez si je peux prouver ces crimes, & l'on a dû vous dire à quelle peine est condamnée celle qui malheureusement en est déclarée coupable.

Il ne peut donc exister que dans ma négligence à me défendre, un moyen de vous soustraire à la condamnation ignominieuse qui vous attend. Mais on vous en a bien grossiérement imposé, si l'on vous a persuadé qu'accablé par ma situation, je balancerois entre une mere coupable & des enfans malheureux, & que je laisserois égorger impunément ceux-ci aux pieds de la femme dénaturée qui leur donna le jour.

Réfléchissez donc bien sincérement, madame, sur les dangers de toute espece, dont vous êtes environnée. Je ne vous dirai pas que vous êtes épouse & mere, il y a long-tems vous n'êtes ni l'une ni l'autre.

Votre cœur empoisonné par une passion vile comme celui qui en est l'objet, ne connoît plus les sentimens honnêtes, & ce seroit bien en vain que j'essayerois de vous rappeller à des devoirs dont le joug vous paroît si insupportable, que vous ne cherchez pas même à en déguiser l'oubli. Mais songez, madame, que les années d'illusion qui coulent maintenant pour vous, ne dureront pas toujours; songez qu'il n'y a d'habitudes & de relations solides dans la société, que celles qui sont déterminées par les premieres & les plus saintes affections de la nature; que détachée de votre famille & de tout ce que vous deviez aimer, devenue même pour votre séducteur un importun fardeau, ne trouvant plus d'asyle chez les gens honnêtes, parce que vous vous en serez volontairement séparée par un crime; quand vous réussiriez aujourd'hui dans vos démarches, vous n'en serez pas moins réduite quelque jour à verser des larmes sur vos succès.

Sortez donc du délire profond dans lequel on vous tient plongée. Je ne vous dis pas de sentir qui vous êtes; mais de calculer ce que vous pouvez devenir, & que du moins la voix de l'intérêt soit assez puissante pour opérer dans vous un changement que je n'attends plus ni des impressions de la pitié, ni des mouvemens de la nature.

Je suis, &c.

Extrait d'une lettre écrite au frere de la dame Kornman, par le sieur Daudet.

Paris, 10 août 1781.

Je vais vous apprendre une *nouvelle bien atroce.* Madame votre sœur a été enlevée la nuit du samedi 4 août au dimanche, *à minuit*, par un ordre surpris par votre

votre beau-frere, mise dans un couvent catholique (1); où elle est séquestrée de toute la terre. Il est superflu de vous raconter ici par quel *tissu de noirceurs*, on est parvenu à surprendre la religion du gouvernement, pour exercer un acte d'autorité aussi vexatoire contre une étrangere mariée en pays étranger, une femme qui professe une autre religion. Sa captivité est un secret impénétrable. Le mari cherche à la cacher à tout le monde, en disant qu'elle est à la campagne. Mais je me *suis procuré des renseignemens positifs*. Madame votre sœur n'a que vous au monde pour la protéger, la réclamer & la défendre. *Cachez à tout le monde l'horrible secret que je vous confie*. Jettez-vous dans une voiture, & venez nuit & jour ici. Vous n'êtes pas connu. *Descendez chez moi*, & prévenez-moi du moment de votre arrivée. Je vous instruirai alors de tout ce qu'il faut que vous sachiez, de ce que vous aurez à faire.... Je vous prie de me *répondre, à monsieur Daudet de Jossan*, & une seconde enveloppe, *à monsieur l'abbé Sabbatier de Cabres, conseiller-clerc au parlement, rue des Bons-Enfans, à Paris*.... Descendez chez moi, je vous arrêterai un logement, *& je vous servirai de guide, &c.*

Lettre écrite à monsieur Amelot, le 2 décembre 1781.

MONSEIGNEUR,

Je me suis présenté plusieurs fois à votre hôtel, pour avoir l'honneur de vous rendre mes devoirs; mais votre grandeur étant incommodée, je prends la liberté de lui écrire pour lui demander la continuation de ses bontés dans la situation malheureuse où je me trouve réduit. Quoique je ne doute point, monseigneur, que monsieur le lieutenant-général de police ne vous ait fait part de toutes les manœuvres sourdes & abominables qu'on emploie pour me perdre, je dois cependant vous exposer que n'ayant cherché qu'à soustraire ma femme à la séduction du sieur Daudet de Jossan, à lui faire ouvrir les yeux sur les conseils pernicieux qu'il lui a

(1) *Le sieur Daudet savoit positivement le contraire.*

donnés, à la faire rentrer en elle-même, n'ayant eu d'autre dessein que d'ensevelir dans le secret la conduite scandaleuse qu'elle a tenue, & de rendre enfin une mere à ses enfans, on cherche à interprêter cette démarche de la maniere la plus odieuse, en me prêtant les intentions les plus criminelles.

J'ai des preuves suffisantes pour attaquer ma femme en adultere, & le sieur Daudet, non seulement comme séducteur, mais encore comme escroc. Il est prouvé qu'il s'est fait délivrer les diamans de ma femme, qu'il a déposés au mont-de-Piété; d'après ce fait, & tous ceux dont je peux rendre compte, & que j'ai la prudence de taire, il paroît impossible qu'aucun tribunal puisse se refuser à me rendre la justice qu'il m'est due, parce que je ne crois pas que les loix aient été inventées pour protéger le crime. Cependant, il m'a répugné de prendre un parti violent, j'ai respecté la réputation de ma femme plus qu'elle ne l'a fait elle-même, j'ai toujours vu en elle la mere de mes enfans. Ne devois-je pas m'attendre qu'une conduite si tranquille, si paisible, après des outrages si marqués, & je peux le dire, si publics, produiroit un effet salutaire aussi bien sur elle que sur son séducteur; comment se fait-il néanmoins aujourd'hui que je sois si cruellement trompé?

Par une requête remplie d'injures calomnieuses, je me vois traduit par la femme dont je devois me venger, & que je me suis contenté de plaindre, au tribunal de monsieur le lieutenant civil. Il n'est aucun tribunal dans le monde que je doive craindre, parce que par-tout je peux invoquer les loix protectrices des mœurs, vengeresses de la probité méconnue; mais comme citoyen, j'ai des droits à exercer, j'ai des juges, & je les réclame; en conséquence, j'ai demandé à être renvoyé pardevant les magistrats de Strasbourg, dont je suis membre, & par appel, au conseil souverain de Colmar.

Il est possible que tandis que je m'occupe à rétablir dans le sein de ma maison l'ordre & la paix, qui en ont été bannis depuis long-tems, que tandis que je travaille à épargner à l'infortunée mere de mes enfans de nouvelles fautes, on cherche à répandre de cruelles calomnies sur mon compte; il est impossible, ou plutôt il m'est démontré que le sieur Daudet, dont j'ai tant à me plaindre, s'attache à me noircir dans le public ; & à nuire, autant qu'il est en lui, à ma réputation & à mon crédit. Il m'est démontré qu'il emploie toutes les connoissances dont il dispose à chercher à mon épouse, de prétendus vengeurs ; que persistant toujours dans ses dispositions sinistres, il travaille à lui procurer, par les moyens les plus infâmes, une liberté scandaleuse ; que voulant ensuite profiter de cette liberté, il médite déja les moyens d'envahir ma fortune, qui devient nécessaire à l'exécution des projets ambitieux qu'il a formés.

Cet homme audacieux a fait plus encore. Au moment où j'écris, je suis informé qu'il a osé compromettre jusqu'à mes amis, & que par un délire qu'aucun gouvernement ne peut s'empêcher de punir, il a osé menacer de sa vengeance toutes les personnes honnêtes qui ont daigné me donner, dans les circonstances où je me trouve, des preuves de leur attachement & de leur zele.

Vous concevez, monseigneur, combien, dans ces circonstances, le sieur Daudet devient pour moi un ennemi dangereux. J'ai desiré & j'ai fait tous mes efforts pour engager mon épouse à rentrer dans le sein de sa famille ; elle s'y est constamment refusée, & je sais qu'elle persévere dans l'opinion de rester à Paris. Or comme elle ne peut y exister que pour sa ruine, comme en ma qualité d'époux, je dois répondre de sa conduite à ses proches, & qu'il n'est pas dans leurs principes de l'abandonner au séducteur qui l'a perdue, je ne crois pas que j'aie rien à craindre des démarches que mon honneur offensé m'a fait faire auprès du gouvernement, & je me flatte qu'instruit de la modération que j'ai mise dans cette affaire, vous vous opposerez, monseigneur, à toutes les tentatives qu'on pourroit faire pour surprendre la religion du roi. J'espere qu'on ne confondra pas un pere de famille honnête, appartenant à des hommes distingués par leurs services ; & qui jusqu'à présent, a assez bien mérité de sa patrie, pour y avoir été appellé par le consentement unanime de ses concitoyens, aux fonctions honorables de la magistrature, avec un homme avili, qui s'est fait un jeu de porter le trouble dans le sein de plusieurs familles paisibles, & qui sûrement ne doit ses protecteurs, si ses protecteurs sont honnêtes, qu'à une profonde hypocrisie ; & s'ils sont malhonnêtes qu'à une conformité de mœurs qu'à sa place je rougirois d'invoquer. Dans cette confiance, monseigneur, je vous rends compte de mes craintes, & j'ose espérer de votre grandeur, qu'elle daignera être aux pieds du trône, l'interprête de mes sentimens, le défenseur de mes droits, & le premier vengeur de mon innocence.

Je suis, avec le plus profond respect, &c.

Lettre écrite à monsieur Lenoir, le 9 janvier 1782.

J'ai l'honneur de vous envoyer une lettre que j'ai reçue ce matin; il y a déja quelque tems qu'on m'en adresse plusieurs du même genre; mais jusqu'ici j'ai cru devoir les négliger; d'abord, parce que de même que celle-ci, elles étoient anonymes; ensuite, parce que je n'avois pas autant de motifs qu'aujourd'hui pour m'abandonner aux craintes qu'on vouloit m'inspirer.

Mais maintenant, monsieur, qu'il m'est démontré qu'on s'occupe essentiellement de ma perte, maintenant que je suis certain qu'aucune de mes démarches n'est ignorée de l'homme que je me suis vu forcé de vous dénoncer, qu'il m'est prouvé que cet homme continue à se procurer des intelligences dans ma maison, qu'il y corrompt mes domestiques, & que l'argent ne lui coûte rien pour m'environner d'espions, & arriver au but où il se propose de parvenir, je ne crois pas que je doive négliger les conseils qui me sont donnés, & il me semble qu'il y auroit de l'imprudence à moi, si je n'usois de quelque précaution pour me garantir du malheur dont je suis menacé. Je sais, monsieur, qu'il n'appartient à aucun homme d'en accuser un autre, s'il ne peut fournir des preuves évidentes du délit qu'il lui impute; mais il s'agit moins ici d'un crime à dénoncer que d'un crime à prévenir; or, dès que je peux rassembler un assez grand nombre de probabilités pour établir qu'un délit est possible, qu'on se propose de le consommer, & que j'en suis l'objet, je pense que j'ai le droit pour l'empêcher, de m'adresser au magistrat qui est spécialement chargé de maintenir le bon ordre dans la société.

Vous savez, monsieur, dans quelle circonstance je

me trouve placé ; personne mieux que vous ne connoît le sieur Daudet ; vos registres, si je ne me trompe, doivent déposer depuis long-tems, contre lui ; vous avez lu les lettres qu'il a écrites à mon épouse, vous ne pouvez pas vous dissimuler les conséquences qui résultent des faits que contiennent ces lettres ; votre expérience a dû vous apprendre tout ce que peut tenter un homme, qui, comptant sur de grandes protections, méditant de grandes fortunes, & n'ayant plus rien à perdre, ne connoît ni loix, ni préjugés, & s'abandonne absolument aux penchans qui le dominent.

Certainement, j'ai tout à craindre d'un pareil homme ; d'après ce qu'il a fait, je ne cours aucun risque à imaginer ce qu'il peut faire ; comme il m'est impossible de calculer sa marche, & de déterminer le point où il se propose d'arriver, je ne dois plus mesurer sa probité que d'après son intérêt.

Et qu'est-ce que son intérêt exige de lui ? Que je ne sois plus, que la fortune de ma femme & de mes enfans tombe dans ses mains, qu'elle devienne la récompense de son audace. . . . . .

D'après cela, monsieur, j'ose vous supplier, de vouloir bien me garantir des pieges dont je suis environné ; vous remplissez dans la société le ministere le plus auguste & le plus respectable, vous veillez sur les mœurs publiques & particulieres, & votre objet principal est d'empêcher que les magistrats ordinaires n'aient des crimes à punir.

Ici, comme moi, vous voyez un crime possible, un crime dont l'existence prochaine est probable ; je vous invite, en conséquence, à employer toutes les ressources que votre sagesse & vos lumieres pourront vous suggérer, pour me garantir des dangers auxquels je suis exposé.

Ma cause est celle de tous les peres, vous ne pouvez l'envisager avec indifférence, &c.

LETTRE ANONYME.

Je n'ai l'honneur de vous connoître, monsieur, que par la réputation de probité dont vous jouissez, & cela seul me détermine à vous instruire du danger éminent auquel vous êtes exposé. Il se trame contre vous, une conjuration abominable à laquelle il me paroît comme impossible que vous puissiez échapper, tant elle est adroitement & profondément combinée. Je connois l'homme qui a juré votre perte, je sais qu'il est capable de tous les crimes, & dans la circonstance actuelle, je ne doute pas qu'il ne mette tout en œuvre pour se délivrer de vous & de vos enfans, & s'emparer ainsi de votre fortune; il a fait la confidence de ce projet à plus d'une personne, il a même été plus loin, car je sais très-positivement, qu'il a fait dire à madame votre épouse, d'avoir toujours beaucoup de patience & de courage, attendu qu'il espéroit qu'avant la fin du carnaval, il seroit parvenu à la délivrer de vous.

L'audace de cet homme exécrable va plus loin. Je le vois assez souvent dans une société où il croit pouvoir tout dire, parce qu'il se persuade qu'elle est absolument composée d'hommes semblables à lui. Là, monsieur, il a osé s'annoncer comme un être assez important & assez dangereux pour faire trembler les ministres, & sur-tout, pour mettre monsieur le lieutenant de police dans le cas de se repentir de la protection qu'il a cru devoir vous accorder.

Je ne sais pas jusqu'où peut aller le crédit d'un homme si abominable; jusqu'à présent je ne vois autour de lui que quelques hommes d'une naissance distinguée, mais connus par des mœurs infâmes, & monsieur de Beaumarchais qui paroît décidé à saisir avec empressement l'occasion qui se présente ici, d'occuper le public aux dépens de qui il appartiendra, & qui sans trop examiner si vous avez tort ou raison, veut absolument, en se mêlant de cette affaire, échapper à l'oubli dans lequel il est très-naturellement tombé.

Tous ces hommes ne feroient pas dangereux, s'ils n'employoient contre vous que des voies honnêtes; mais comme ils sont déterminés à user de toute espece de moyens, pour consommer votre ruine, & que l'homme auquel ils sont dévoués, est à mes yeux le plus méchant de tous les hommes, je vous conjure, monsieur, de fuir le plus promptement qu'il vous sera possible, d'emmener avec vous vos enfans, & si vous êtes dans la nécessité de combattre, de ne le faire que de loin.

Je me nommerois, monsieur, si appartenant à la

ſociété dans laquelle on s'occupe de votre perte, je pouvois le faire ſans danger. Tout ce que je dois vous dire, c'eſt que j'ai frémi en voyant à la tête de vos ennemis un homme auſſi profondément dépravé que le ſieur Daudet, & qui, comme vous ſavez, n'a plus de riſque à courir, ni pour ſa fortune, ni pour ſa réputation. Je voudrois bien qu'il me fût poſſible de vous apprendre qui je ſuis, pour donner à la confidence que je vous fais, toute l'importance qu'elle mérite; mais je vous le répete, monſieur, en me nommant, je puis me perdre, & je ne ſaurois vous ſauver.

Lettre de monſieur Kornman à monſieur Amelot.

10 janvier 1782.

MONSEIGNEUR,

Je me ſuis préſenté pluſieurs fois à votre hôtel, tant à Paris qu'à Verſailles, pour avoir l'honneur de m'entretenir avec vous des nouvelles circonſtances dans leſquelles je me trouve.

J'ai appris avec une ſurpriſe bien douloureuſe, que ma femme qui avoit été tranſportée par ordre du roi, & de mon conſentement, dans une maiſon de ſûreté; par un autre ordre du roi, ſans que j'en aie été prévenu, a été remiſe entre les mains d'un chirurgien que je ne connois pas. Il faut, monſeigneur, qu'on vous en ait impoſé d'une maniere bien audacieuſe, pour que vous ayez pu vous déterminer à dépouiller un citoyen, que les plus ſaintes loix protégent avec éclat, des droits que lui donnent la nature & la ſociété.

Car enfin, monſeigneur, ma femme n'eſt point une propriété publique, dont un étranger puiſſe diſpoſer à ſon gré, elle n'appartient qu'à ſa famille & à moi, & ce n'eſt ni ſa famille, ni moi, qui avons demandé que le premier ordre, qu'il avoit plu à la juſtice du roi de nous accorder, fût révoqué.

Cet ordre n'avoit pour but que de ſouſtraire ma femme égarée à la ſéduction d'un homme bien connu par la dépravation de ſes mœurs, & la noirceur de ſes intrigues; & le nouvel ordre qui vient d'être expédié, rejette précisement cette femme dans les bras de l'homme qui l'a perdue.

Je suis instruit qu'il existe entr'elle & lui, une correspondance de tous les jours; il y a plus, je sais qu'il la voit aussi souvent qu'il le juge à propos, qu'il est plus que jamais l'arbitre de ses démarches, & que cette route du crime dans laquelle je m'étois efforcé de l'empêcher de marcher, se r'ouvre sous ses pas avec une facilité qui m'épouvante.

Monseigneur, dans un pays où il n'y auroit plus de mœurs, plus d'institutions pour régir les hommes, il resteroit encore les loix de la nature, & on trouveroit toujours extraordinaire qu'un pere de famille pût être regardé comme un être assez méprisable, pour qu'on lui enlevât sans égard la mere de ses enfans.

D'après ces considérations, monseigneur, j'ose vous prier de vous rappeller les motifs qui ont déterminé le gouvernement à s'assurer de la personne de mon épouse, & comme ces motifs subsistent toujours, que monsieur le comte de Maurepas & vous-même en avez reconnu, il y a peu de tems, toute l'importance, j'ai recours de nouveau à l'autorité bienfaisante de votre grandeur, & je la supplie de faire en sorte que la communication qui existe entre le séducteur que je lui ai dénoncé, & la victime que ce séducteur se propose d'immoler à son ambition, demeure dorénavant interrompue.

Vous le savez, monseigneur, je n'ai jamais eu recours auprès de vous à d'autres moyens qu'à ceux qui me fournissoit ma position. J'ai laissé à mon infâme adversaire ses protecteurs & toutes les ressources qu'il pouvoit mettre en œuvre pour me faire échouer dans mes démarches...

Il est des vérités éternelles qu'il est absurde de démontrer & que personne n'a besoin de défendre; ces vérités avec lesquelles on gouverne les hommes, & sans lesquelles il n'existe plus de morale & de législation sur la terre, je savois que je les trouverois dans votre cœur, & c'est parce que j'en étois persuadé, qu'il m'a paru au-dessous de votre caractere & du ministere de justice que vous exercez, d'employer auprès de vous, comme cela m'eût été facile, des voix étrangeres pour vous les faire entendre.

Or, monseigneur, quelle est maintenant ma position ? Je suis pere, je suis époux ; en ces deux qualités, je suis outragé. Un homme qui ne respecte plus rien, parce qu'il ne peut échapper à sa destinée que par un crime, me menace de ce qu'il appelle sa vengeance, & sous mes yeux, il ose tracer avec tranquillité la route qu'il convient à ma femme de tenir pour arriver à une liberté funeste.

Vous connoissez le sieur Daudet, monseigneur, vous savez combien, lorsqu'il est retardé dans ses projets, il peut créer de ressources pour les faire réussir, combien dès-lors il importe de mettre un frein à la fatale activité de son imagination, vous savez tout ce qu'il peut tenter si on ne le prive d'une maniere décidée, des moyens qui lui restent pour consommer le crime qu'il a commencé.

Je ne connois pas l'étendue de ces moyens, mais comme je suis convaincu qu'il n'auroit ni tant de patience, ni tant d'audace, s'il n'avoit auprès de mon épouse un accès facile, j'insiste pour que cet accès lui soit absolument interdit.

Si ma femme n'existoit pas sous la main tutélaire du gouvernement, j'aurois le droit de défendre au sieur Daudet l'entrée de ma maison ; maintenant qu'elle obéit à une autorité plus imposante, mais non pas plus sacrée que la mienne, je conserve le même droit. Daignez donc, monseigneur, avoir égard à ma priere, & tandis que par d'autres motifs d'intérêt que je développerai quand le tems en sera venu, on s'efforce de précipiter mon épouse vers l'écueil que je veux lui faire éviter ; faites en sorte que dans son égarement, je puisse lui tendre une main secourable, & que les précautions que j'ai prises pour la déposer avec sa réputation toute entiere, dans le sein de la famille respectable à laquelle elle appartient, ne demeurent pas absolument inutiles.

Lisez, monseigneur, lisez ma lettre avec tout l'intérêt que ma situation doit vous inspirer ; songez que je suis rassasié d'outrages, que je parle le langage de la plainte & de la douleur, que je couvre d'une main mes plaies, & que de l'autre je repousse mes adversaires acharnés à ma perte. Jugez-moi par mes démarches comme j'ai appris par votre bienfaisance à vous juger, & daignez vous ressouvenir que l'homme qui vous sollicite aujourd'hui, ne voulut pas réclamer auprès de vous toute la justice qui lui étoit due, qu'il ne vous demanda qu'une grace, celle de le placer dans une position où il pût pardonner sans honte, & oublier sans foiblesse.

Je suis avec respect, &c.

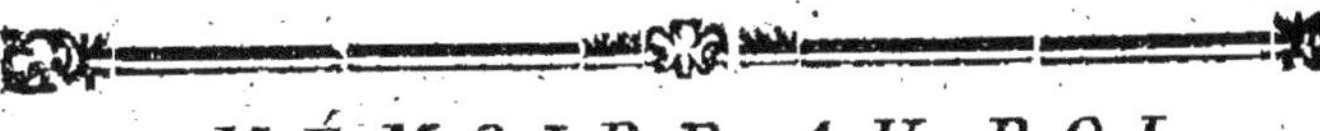

MÉMOIRE AU ROI.

SIRE,

Un de vos fideles sujets se jette aux pieds de votre majesté pour lui dénoncer un crime d'une espece d'autant plus dangereuse, que s'il demeuroit impuni, la sûreté des peres & des époux, resteroit inévitablement compromise.

Le sieur Daudet, *dit* de Jossan, connu depuis longtems de la police, par ses entreprises hardies, & se disant ici chargé des affaires de plusieurs princes étrangers, est l'auteur du forfait dont je demande la punition à votre majesté. Tout ce qu'un homme de mœurs perverses, & sur lequel l'opinion publique n'a plus d'empire, peut employer de ressources pour séduire une femme imprudente, le sieur Daudet l'a mis en œuvre auprès de mon épouse, & il est aujourd'hui prouvé de la maniere la plus évidente, que non-seulement il l'a rendue coupable d'adultere, mais qu'après s'être emparé d'une partie de ses diamans pour les déposer au Mont-de-Piété, il s'est efforcé de se la donner pour complice d'un autre crime, lequel, si je me livre aux conjectures que m'offrent toutes les circonstances de cette étrange affaire, ne pouvoit être qu'un attentat prémédité sur ma personne.

Monsieur le comte de Maurepas instruit de tous ces faits, a cru devoir au mois d'août de l'année derniere, faire arrêter ma femme, & la mettre d'une maniere spéciale sous la main du gouvernement. Le sieur Daudet n'en est devenu que plus entreprenant; aidé du sieur de Beaumarchais qui, à cette époque, a osé dire hautement dans Paris, qu'il prenoit ma femme sous sa protection, il a trouvé le moyen de pénétrer dans le lieu de sa retraite: & de concert avec l'associé qu'il s'eſt donné, il l'a engagée à préſenter une requête au châtelet, à l'effet d'en obtenir une ſéparation de corps & de biens, & même, s'il étoit poſſible, la diſſolution de ſon mariage : je pouvois répondre à cette requête ; mais ma tendreſſe pour deux enfans auxquels je dois épargner la honte d'appartenir à une mere, publiquement déclarée coupable, m'a fait prendre un parti différent. Le corps municipal de Strasbourg, auquel j'appartiens, s'étant adreſſé à votre majeſté pour en obtenir le renvoi de ma cauſe pardevant la chambre matrimoniale de la même ville, ſeul tribunal que je puiſſe invoquer en ma double qualité de proteſtant & de magiſtrat, j'ai cru devoir attendre la déciſion de votre majeſté ſur ce point, & juſques-là ne me permettre d'autres démarches que celles qui pouvoient avoir, ou ma ſûreté perſonnelle, ou l'honneur de mon épouſe pour objet.

Monſieur, votre auguſte frere, dont j'ai l'honneur d'être le banquier, a bien voulu dans cette circonſtance me donner des marques éclatantes de ſa protection & de ſes bontés : mais Sire, le crime veille à côté de moi, les dangers dont ma famille naiſſante eſt environnée, me forcent de recourir directement à la juſtice tutélaire de votre majeſté. Daignez, Sire, jetter les yeux ſur un pere infortuné, qui n'a d'autre reproche à ſe faire, que d'avoir été époux trop indulgent ; voyez à côté de lui triompher l'homme méchant, auquel il doit ſon affreuſe deſtinée. Sire, d'un ſeul mot, vous pouvez faire ceſſer cet effrayant ſcandale. Que votre majeſté renvoye mon épouſe pardevant ſes juges naturels, & faſſe ſubir au ſieur Daudet un châtiment proportionné aux délits, dont il s'eſt rendu coupable. Alors les mœurs domeſtiques ſeront aſſurées par un grand exemple. En vivant ſans alarmes, & devant à votre majeſté des jours moins malheureux, je pourrai ſans inquiétude m'occuper de l'éducation & du bonheur de mes enfans.

Le miniſtre, & ſur-tout le magiſtrat, auquel l'adminiſtration de Paris eſt confiée, peuvent produire, quand il ſera tems, la preuve de tous les faits, que je me vois forcé de révéler à votre majeſté.

Daignez, Sire, aſſurer l'honneur & le repos d'un citoyen qui ne ceſſera de faire des vœux pour la conſervation des jours précieux de votre majesté, & la prospérité d'un regne, dont tous les événemens n'ont été jusqu'ici pour la nation, que des époques de justice, de bienfaisance & de gloire.

Extrait d'une consultation signée Reichsteller, Chaufour l'aîné, & Dubois, avocats au conseil souverain d'Alsace, en date du 24 août 1783, sur le vu des informations, interrogatoires & lettres relatives à la dame Kornman & au sieur Daudet.

Estiment que paroissant justifié par pieces jointes que la dame Kornman s'est oubliée avec le sieur Daudet, que même elle a conçu un enfant de ses œuvres, les lettres du sieur Daudet venant à l'appui; le dépôt de diamans de ladite dame, plus de vingt-six mille liv. de dettes contractées depuis peu, prouvant qu'on ne peut laisser ladite dame sur le pavé de Paris, sa maîtresse & dissipant sa fortune; d'un côté le sieur Kornman risque que ladite dame se ruine; de l'autre, il risque de lui voir des enfans, qui étant nés d'une mere, qui demeurant dans la même ville que son mari, viendroient réclamer un état & le sieur Kornman pour pere; & qu'il s'agit, en conséquence, de remédier à ces inconvéniens.

Et pour y parvenir, ils proposent trois voies: la premiere, de demander & d'obtenir que ladite dame soit tenue de se retirer dans un lieu décent ou dans une forteresse, avec une liberté honnête, vu qu'étant protestante, elle ne peut se retirer dans un couvent.

La deuxieme, d'obtenir du gouvernement une lettre de cachet, pour la faire retourner dans la maison d'où elle est sortie, en attendant la fin du procès.

La troisieme, & celle dont les conseils sont d'avis, vu les circonstances qui empêchent d'employer les deux premieres, *& dont ils donnent le détail*, est de faire informer contre ladite dame, comme d'adultere.

Les moyens qu'ils proposent pour employer cette derniere voie, toute délicate qu'elle est, consistent à dire, que cette accusation au criminel doit s'instruire & se juger à Paris, lieu du délit, où demeurent les accusés, les témoins, les preuves ne pouvant se découvrir & se faire ailleurs.

Que l'arrêt du conseil du 11 janvier 1783 ne déroge point à ces principes (1) ; il ne parle point de criminel, mais des actions purement civiles, que les deux conjoints auroient à intenter l'un contre l'autre.

Que les moyens au fond sont de deux especes, ceux déja acquis & ceux à acquérir. Les premiers se puisent dans les informations, interrogatoires & lettres déja verbalisées ; pieces authentiques qu'il faudroit joindre à la plainte, & qui seroient pour le moins admises comme devant servir de mémoires. Que ces pieces prouvent évidemment, par l'aveu même de ladite dame, qu'elle s'est oubliée avec le sieur Daudet, & qu'elle en a conçu un enfant, qu'elle a eu un commerce de lettres scandaleux avec lui ; elles prouvent aussi leurs menées contre le sieur Kornman ; les interrogatoires sont précis, & il est certain que ces pieces seules doivent suffire pour faire décréter ladite dame & le sieur Daudet.

Quant aux moyens à acquérir, il sera nécessaire de faire faire une nouvelle information, & de faire interroger les décrétés de nouveau. Dans cette nouvelle information, on fera entendre les mêmes témoins ; on y ajoutera ceux devant lesquels ladite dame doit avoir avoué le fait, & tous ceux qui peuvent avoir eu connoissance de sa conduite ; les interrogatoires fourniront de nouvelles preuves. Le sieur Daudet sera sans doute interrogé. Si la dame Kornman vouloit varier, on lui présenteroit ses réponses faites ci-devant sous la foi du serment, & il paroît qu'il en résultera une conviction suffisante pour condamner ladite dame & le sieur Daudet.

Si cette procédure doit être conduite à sa fin, & l'adultere prouvé, en ce cas, la peine ordinaire est d'être renfermée dans un couvent pendant deux ans, & au bout de ce tems, si le mari ne reprend pas sa femme, d'être. . . . . enfermée dans le couvent pour le reste de ses jours. Au cas particulier où l'accusée seroit protestante, on pourroit l'enfermer dans une maison de sûreté, sous les mêmes conditions, & il n'en résulteroit aucune tache pour les enfans.

---

(1) *L'arrêt du conseil qui, sur le procès en séparation, renvoyoit à Strasbourg.*

Copie de la lettre de monsieur Kornman à messieurs les Notables.

Du 18 mai 1787.

M

Je suis instruit qu'un mémoire rédigé pour ma défense, contre le sieur Daudet de Jossan, le sieur de Beaumarchais & monsieur Lenoir, vient de vous être adressé.

Ce mémoire a été imprimé sans mon aveu; mon intention n'étoit certainement pas qu'il demeurât secret, mais avant de le publier, je voulois tout tenter pour obtenir la signature d'un jurisconsulte; & ce n'eût été que lorsque j'aurois été bien certain qu'il m'étoit impossible d'obtenir cette autorisation exigée par la loi, que je me serois déterminé à le répandre dans la forme sous laquelle il paroît aujourd'hui.

Plusieurs exemplaires de l'ouvrage me sont parvenus; j'y ai remarqué beaucoup de fautes, sans doute échappées aux copistes. Mais ces fautes ne sont point essentielles, & il m'a paru qu'il étoit de mon devoir, autant que de mon intérêt, d'avouer un écrit que j'ai toujours regardé comme la plus importante & la plus décisive piece de mon procès.

En conséquence, je me suis hâté de faire parvenir à monseigneur le Garde des Sceaux, à monseigneur l'archevêque de Toulouse & à monseigneur le baron de Breteuil, les trois lettres que je joins ici; il me semble que dans la position extraordinaire où je me trouve, elles doivent suffire pour donner à mon mémoire toute l'authenticité qui lui manque.

Je sais qu'on a entrepris de faire regarder dans l'assemblée des notables ce mémoire comme un libelle; on a même été plus loin. En conséquence du systême de persécution dont je suis l'objet depuis si long-tems, on a essayé de m'inspirer des craintes; & des intrigues ont été préparées, pour faire regarder, s'il étoit possible, comme une espece d'attentat à l'autorité, un ouvrage dans lequel on invoque sans cesse l'autorité des loix, & où l'on ne parle que le langage de la morale la plus naturelle & la plus pure.

Dans la position où je suis, il est impossible de m'effrayer. Pere, époux outragé, n'ayant depuis tant d'années que la providence pour juge de mes démarches & pour soutien dans mon infortune, parlant au nom de la nature, implorant à grands cris les loix de toutes les nations, ne sollicitant aucune grace, ne demandant autre chose, sinon que la justice ait sont cours : je sens que ce n'est pas à moi, mais à mes adversaires qu'il appartient maintenant de trembler.

Mais je suis seul contre une troupe d'hommes accoutumés à employer des ressources de toute espece pour me perdre : & si je ne connois pas la crainte, cependant il m'importe de déconcerter leurs projets, au moins jusqu'à ce que la tâche que je me suis imposée soit remplie. Or, puisqu'ils ont essayé de répandre dans l'auguste assemblée dont vous êtes membre, une impression défavorable contre moi, en s'efforçant de faire regarder comme un libelle l'écrit qui vous a été adressé, permettez, monseigneur, que j'avoue cet écrit auprès de vous, comme je l'ai déja fait auprès des ministres de sa majesté.

Appellé par le meilleur des rois à délibérer sur le rétablissement de l'ordre public, qui ne peut se maintenir que par les mœurs, j'ose espérer, monseigneur, que vous daignerez prendre intérêt à une cause qui est essentiellement celle des mœurs ; & que vous voudrez bien concourir à former aux pieds du trône, l'opinion qui doit me protéger contre les nouvelles calomnies dont je suis l'objet.

Je suis, avec un profond respect,

M

Votre très-humble & très-obéissant serviteur.

A monseigneur le Garde des Sceaux.

Le 12 mai 1787.

MONSEIGNEUR,

Depuis six années entieres je suis en proie aux persécutions les plus cruelles. De vils intrigans se sont ligués pour me désoler & me perdre ; mon honneur, ma fortune & ma vie, rien n'a été ſacré pour eux. Ils ont porté le trouble & le déſordre dans mon intérieur domeſtique. Ils m'ont ravi ma femme, & l'ont familiariſée à tous les genres de corruption : ils ont éloigné de moi pour toujours le bonheur & la paix. Dans ces circonſtances affreuſes, je ne pouvois plus long-tems garder le ſilence ſans paroître coupable aux yeux des hommes, & ſans l'être envers mes enfans. J'ai donc élevé la voix pour réclamer la protection des loix ; & cette démarche a été un coup terrible pour mes ennemis. Il n'eſt pas de manœuvre & d'intrigues qu'ils n'aient employées pour faire avorter mon plan ; mais inébranlable dans ma réſolution, j'ai raſſemblé les faits de ma déplorable hiſtoire ; un ami généreux m'a prêté ſa plume pour les rédiger. J'ai multiplié les copies du mémoire qu'il a dreſſé pour ſoumettre mes plaintes à l'examen des juriſconſultes. Tous ont été ſoulevés d'indignation contre mes perſécuteurs, & aucun n'a cru pouvoir les combattre ſans ſe compromettre. J'étois décidé néanmoins à ne pas mourir couvert d'ignominie, & à rendre mon innocence publique par la voie de l'impreſſion, lorſqu'une nouvelle conſidération a contrarié mes vues.

Vous allez déplaire à vos juges, m'a-t-on dit ; la voie que vous prenez eſt illégale ; aucun avocat n'a ſigné votre défenſe ; vos ennemis vont s'en prévaloir pour vous perdre !

Déſolé de cet obſtacle imprévu, je déſeſpérois de pouvoir rendre ma juſtification éclatante, lorſque tout-à-coup on me préſente mon manuſcrit imprimé ; lorſqu'on m'annonce qu'une quantité d'exemplaires eſt répandue à Verſailles ; je le parcours, je le lis à la hâte, je le trouve exact, à quelques fautes de copiſte près ; s'il vous eſt parvenu, monſeigneur, j'oſe vous ſupplier d'y jetter un coup-d'œil ; vous êtes époux, vous êtes pere, il vous arrachera des larmes ; vous frémirez en même tems des intrigues, des trames, des complots dont j'ai été la victime : ma deſtinée eſt affreuſe. J'oſe vous atteſter, ſur mon honneur, qu'il n'eſt pas un ſeul fait qui ne ſoit de la plus grande ſincérité ; qu'il n'eſt pas un ſeul fait que je ne puiſſe ſoutenir en face de mes perſécuteurs. On cherchera encore à étouffer mes plaintes par des menſonges & des calomnies ; on

mettra

mettra tout en œuvre pour me dénigrer ; mais mon ame est pure, mon cœur exempt de reproche, & je suis tranquille. Ce n'est jamais que dans l'obscurité que mes ennemis m'ont porté des coups perfides ; & je les attaque à découvert ; je les appelle dans les tribunaux ; je demande publiquement justice, & je l'attends avec confiance. La providence pouvoit-elle me ménager un instant plus propice que celui où la confiance éclairée du monarque, secondant le vœu unanime de la nation, vous a appellé à la place éminente que vous occupez !

A monseigneur l'archevêque de Toulouse.

MONSEIGNEUR,

Excusez, je vous supplie, la liberté que je prends de vous distraire un instant des affaires importantes qui vous occupent ; je suis opprimé, je suis malheureux ; vous êtes bon ; vous êtes juste, vous daignerez m'entendre.

Il circule dans le public un mémoire que j'avois rédigé pour soumettre à l'examen des jurisconsultes ; j'ignore quel est le vertueux citoyen qui l'a livré à l'impression : je ne doute point, monseigneur, qu'il ne vous soit parvenu ; ayez la bonté de parcourir ce triste récit de mes longues infortunes ; vous verrez tout ce que peuvent l'intrigue & l'affreuse calomnie ; vous verrez tout ce que peuvent des méchans acharnés à la perte d'un homme de bien. Les cruels qu'ils sont ! ils ne m'ont pas laissé un instant de bonheur & de paix ; ils m'ont attaqué à la fois dans toutes les parties de mon existence : j'ignore & je m'étonne comment je suis échappé à leurs coups.

Un Dieu tutélaire a sans doute veillé sur mes jours, pour les démasquer & les livrer à la haine publique.

Croiriez-vous, monseigneur, que depuis six années que je souffre, je n'ai pas même eu la consolation de me plaindre ; on met tout en œuvre pour étouffer mes cris : tantôt on cherche à m'adoucir par des espérances flatteuses, par de fausses promesses ; tantôt on m'intimide par des menaces, par des coups d'autorités. Je suis environné de précipices, & je crains à chaque pas de m'engloutir. Il est impossible d'être battu à la fois par autant de tempêtes. Heureusement, je crois toucher au terme de mes infortunes; un nouveau jour luit pour moi; je me sens renaître avec un autre ordre de choses; je ne redoute plus les intrigues, les cabales, les complots de mes ennemis. Vous êtes auprès de sa majesté, où la France desire vous voir depuis long-tems. L'innocence ne pouvoit pas avoir un plus grand, un plus digne protecteur: vous ne souffrirez pas que le vice surprenne la religion de cet auguste monarque. Je poursuis mes lâches persécuteurs dans les tribunaux, & j'attends des loix la justice qui m'est due.

A monseigneur le baron de Breteuil.

MONSEIGNEUR,

Je m'occupe depuis long-tems des moyens de rétablir ma réputation, lâchement compromise par de vils calomniateurs; j'ai dressé à cet effet un mémoire qui contient ma justification: aucun jurisconsulte n'a osé y attacher sa signature, & tous sont convenus de mon innocence & de la perfidie de mes ennemis. Je n'avois donc pas de moyens de rendre cette apologie publique, & j'étois dans cet état de perplexité, lorsqu'un ami vient chez moi, me présente mon manuscrit imprimé, & me dit: Reconnoissez-vous cet ouvrage? j'arrive de Versailles, & déja il est connu à la cour & à la ville. Je ne doute point, monseigneur, qu'il ne soit tombé entre vos mains; daignez le lire, il vous révélera des faits horribles: je ne crois pas qu'aucun homme ait jamais été la victime d'un systême de persécution aussi long, aussi suivi; tout ce que l'intrigue & la calomnie peuvent imaginer de plus infâme, a été mis en œuvre pour me perdre. Ma femme m'est enlevée, ma fortune est détruite, mon honneur est attaqué. Je veux me plaindre de toutes ces cruautés, & l'on me ferme la bouche, & l'on me menace d'être privé de la liberté, ainsi que mon défenseur. Un ministre des finances, dont la démission a fait tant de bruit, accordoit souterrainement une protection coupable aux lâches intrigans acharnés contre moi. Enfin, je me flatte que le cours de la justice ne sera plus interrompu. Je pourrai invoquer les loix avec sûreté, & confondre mes ennemis. Plût à Dieu, monseigneur, que tous ceux qui ont l'autorité en main respectassent autant que vous les mœurs, la vertu, la liberté de l'homme & les droits du citoyen! comme vous, ils jouiroient de la vénération publique, & leur gloire ne disparoîtroit pas avec leurs places.

IL vient de paroître un libelle atroce, imprimé frauduleusement sous le titre de mémoire, sans nom d'auteur ni d'avocats, contre un magistrat respectable, & sans qu'il y ait de procès entre ses calomniateurs & lui. Ce libelle est aussi dirigé contre moi, quoique l'affaire qu'on y traite me soit également étrangere.

Occupé du soin de recueillir toutes les pieces nécessaires à l'éclaircissement de cette scélératesse, je prends ici l'engagement de démontrer, non seulement aux tribunaux que je viens de saisir par une plainte en diffamation, mais à tous mes concitoyens, par un mémoire appuyé de pieces, qu'il n'est pas un seul homme d'honneur qui n'avouât publiquement la conduite que la compassion & le devoir m'ont fait tenir il y a six ans dans l'affaire où l'on veut m'impliquer aujourd'hui.

Je prie les hommes honnêtes de réfléchir que personne n'est à l'abri d'un coup lâchement porté, quand un furieux s'expose au châtiment du crime. Je les prie d'observer que j'en ai rendu plainte, & que je vais la suivre avec toute la vigueur qu'exige une telle injure. N'ai-je pas droit de demander qu'on suspende au moins son jugement jusqu'à ce qu'une suite de faits avérés & prouvés par pieces justificatives, dissipe le nuage dont la démence & la méchanceté viennent de les couvrir un moment!

Je les prie de penser au danger qui menace la société, si ces lâches moyens de nuire trouvent ici des protecteurs: que ma cause est celle de tous les honnêtes gens, & que si, pour de l'or, à dix lieues de Paris on trouve un fripon d'imprimeur prêt à diffamer vingt familles, il peut leur arriver pis qu'à moi, hors d'état qu'elles seront peut-être de rassembler tous les moyens de justification que j'ai dans les mains pour la mienne, & que je vais mettre au grand jour.

J'atteste & je prouverai que la malheureuse victime à qui j'ai sauvé la vie, à la sollicitation de mes amis, sans la connoître même de vue, a été depuis six ans constamment en butte à tous les genres de persécution les plus féroces ; & qu'ayant apporté en dot près de 400,000 liv. à l'homme qui la déshonore, après l'avoir ruinée, elle seroit morte vingt fois de détresse & de douleur, sans les consolations & les secours que ma sensibilité lui a procurés.

Malgré les embarras que tout ceci me cause, loin de regretter ce que j'ai fait, je le ferais sans hésiter, si l'affreux danger qu'elle a couru la menaçoit encore, ou telle autre infortunée à sa place.

Forcé de suivre la marche grave & lente des formes judiciaires, mon mémoire ne paroîtra que dans le cours de l'instruction. Je prie ceux qui ont le libelle de le conserver jusqu'alors ; ils apprendront, avec horreur, jusqu'où la rage, le déshonneur, le besoin, & je ne sais quel délire, ont entraîné deux furieux qui connoissent depuis long-tems tout le mépris que j'ai de leurs manœuvres.

Il n'est pas inutile qu'on sache le vrai motif du choix qu'ils ont fait de ce moment pour publier leur dégoûtant libelle ; c'est l'espoir d'arrêter, par un coup subit, la représentation d'un ouvrage que le public attend de moi : le désordre qu'un tel retard peut causer dans l'administration d'un grand spectacle, la perte des dépenses qui en résulte, me fait bien regretter de laisser à une cabale obscure, ce triomphe d'un jour.

Mais le public ne peut me savoir mauvais gré, dans l'état austere où je me trouve, de suspendre l'objet de son amusement, de ne lui présenter mon œuvre légere, qu'après lui avoir fait raison sévérement de moi. On s'amuse peu d'un ouvrage dont on mésestime l'auteur ; & la défense de mon honneur doit passer avant tout.

Et vous, mes vertueux amis, qui vous affligez du mal momentané qu'on me fait, ne vous fatiguez pas à me défendre. Laissez, laissez dormir chez les gens prévenus, l'estime qui m'appartient ; donnez-moi le tems de répondre.

PIER. AUG. CARON DE BEAUMARCHAIS.

GUEBERT, *Procureur au Châtelet.*

Ce 17 mai 1787.

FIN.

www.ingramcontent.com/pod-product-compliance
Ingram Content Group UK Ltd.
Pitfield, Milton Keynes, MK11 3LW, UK
UKHW021122220726
13924UKWH00004B/1869